"Ninguém vende para todo mundo"
Aguiar, A

"O Perfeito atraí. O Imperfeito Conecta"
Martins, N

" O marketing deixou de ser apenas uma questão de visibilidade e se tornou uma complexa rede de relações que exige abordagens personalizadas para públicos distintos."
Aguiar, A.

"O *Marketing 6.5* é uma proposta evolutiva que responde à necessidade de mais autenticidade no relacionamento entre marcas e consumidores."
Aguiar, A.

MARKETING 6.5
Da Perfeição às Conexões Autênticas

Copyright 2024 de André Aguiar. Todos os direitos reservados.

Nenhuma parte desta publicação pode ser reproduzida, arquivada em sistemas de recuperação de dados ou transmitida por qualquer meio — seja eletrônico, mecânico, por fotocópia, gravação, digitalização ou outros formatos — sem a autorização prévia e por escrito do autor, a qual pode ser solicitada pelo e-mail aguiar@dmxweb.com.br.

Isenção de responsabilidade e limitação de garantias: Tanto o autor quanto a editora empenharam-se ao máximo na criação deste conteúdo. No entanto, não asseguram a exatidão ou a completude das informações apresentadas e não assumem responsabilidade por garantias implícitas relacionadas à comercialização ou adequação a fins específicos. Não serão geradas garantias adicionais através de representantes ou materiais publicitários. As sugestões e estratégias mencionadas podem não se aplicar a todas as situações. É recomendável buscar aconselhamento profissional sempre que necessário. O autor e a editora não se responsabilizam por eventuais danos que possam surgir a partir da utilização das informações contidas nesta obra.

SUMÁRIO

- 10 — Inteligência Artificial: Potencializando Conexões entre Marcas e Clientes
- 13 — Marketing 6.5: A Nova Era da Conexão Autêntica entre Marcas e Consumidores
- 22 — O Poder do Foco: Como Encontrar Seu 1%
- 38 — Personas no Marketing 6.5: Conectando Marcas e Consumidores com Precisão
- 46 — Produtos Hiperpersonalizados: A Nova Fronteira do Marketing 6.5
- 55 — Precificação Dinâmica: A Arte de Ajustar Preços
- 66 — Percepções que Conectam: O Poder dos Arquétipos e Gatilhos Mentais
- 77 — Comunicação Autêntica: O Poder do Imperfeito e o Engajamento
- 88 — Metrificação Inteligente: Como Medir o Sucesso
- 100 — Business Intelligence no Marketing 6.5: Decisões Estratégicas Baseadas em Dados em Tempo Real
- 111 — Reputação, Consistência e Agilidade: Mantendo a Relevância

122 5
Relacionamento Inteligente: Como Criar Conexões Verdadeiras e Transformar Clientes em Embaixadores 5

132 5
Marketing 6.5 e a Ética dos Dados: Privacidade e Governança em um Mundo Digital 5

144 5
Significado do 5

154 5
Marketing 6.5, na Prática..5

159 5
Prólogo..1

Gostaria de expressar minha profunda gratidão a todos que estiveram ao meu lado durante a jornada que culminou neste livro. Primeiramente, à minha esposa, Cláudia Lima, minha maior incentivadora e meu farol nas horas mais sombrias. Sua presença constante, apoio inabalável e sabedoria têm sido fundamentais para que eu pudesse avançar.

Às minhas filhas, Beatriz e Isabela, que são a causa primária de tudo o que faço. Vocês me inspiram todos os dias e me motivam a seguir em frente com determinação e propósito.

Aos meus amigos, em especial Carlos Ramos, pelo suporte contínuo e pela presença em cada passo desta jornada. Sua amizade e apoio foram inestimáveis em todos os momentos.

À minha mãe, irmã e sobrinha, que estiveram ao meu lado nos momentos mais desafiadores. O carinho, a paciência e o apoio de vocês foram essenciais para eu superar as adversidades.

A todos vocês, minha eterna gratidão. Sem o amor, o apoio e a confiança de cada um, este livro não seria possível.

O AUTOR

André Aguiar tem formação Matemática, graduação em Publicidade, com especialização em Mídias Sociais e Marketing Digital. Com uma trajetória dedicada ao ensino e à prática de marketing, ele desenvolveu uma abordagem única que integra essas diferentes áreas de conhecimento. Autor dos livros *Marketing de Relacionamento* e *Arquétipos que Encantam*, Aguiar explora temas como fidelização de clientes e o uso de arquétipos para construir marcas fortes, sempre com foco em estratégias que se adaptam ao contexto digital atual.

Seu primeiro livro, *Marketing de Relacionamento*, pode ser considerado um estudo prático sobre a importância de construir relações duradouras com os clientes. Na obra, Aguiar defende que o relacionamento entre empresa e consumidor deve ser contínuo e baseado em confiança mútua. Essa perspectiva vai além da simples transação comercial, propondo que a verdadeira valorização do cliente está em entender suas necessidades e entregar soluções que façam sentido para ele, uma abordagem que se tornou ainda mais relevante com a era digital.

Em *Arquétipos que Encantam*, o autor aprofunda seu estudo sobre como as marcas podem utilizar arquétipos para criar conexões mais profundas com os consumidores. O livro combina teoria e prática, mostrando como o uso de figuras simbólicas pode ajudar a construir uma identidade de marca mais autêntica e envolvente.

Atualmente, Aguiar é professor na UNICORP, onde leciona disciplinas voltadas para marketing estratégico, branding e comunicação. Sua experiência acadêmica é marcada pela busca de um equilíbrio entre teoria e prática, incentivando seus alunos a desenvolverem pensamento crítico e soluções criativas. Ele acredita que a educação deve ser um processo colaborativo, em que professor e alunos aprendem juntos e constroem novas ideias.

Além de sua atuação acadêmica, Aguiar dedica parte de seu tempo a projetos sociais no Complexo do Alemão, no Rio de Janeiro, onde trabalha com jovens em situação de vulnerabilidade social. Colaborando com instituições como SENAI e FAETEC, ele desenvolve programas de formação voltados para capacitar esses jovens para o mercado de trabalho, oferecendo não apenas conhecimento técnico, mas também uma formação cidadã. Sua atuação nesses projetos reflete seu compromisso com a educação como ferramenta de transformação social.

A combinação de sua experiência no marketing e seu trabalho social confere a Aguiar uma perspectiva mais humana sobre o impacto que a comunicação e a educação podem ter na vida das pessoas. Sua abordagem é pautada pela simplicidade e pela aplicação prática de conceitos, sempre buscando adaptar suas ideias às necessidades e realidades dos diferentes públicos com os quais trabalha.

Com uma trajetória sólida e diversificada, André Aguiar segue contribuindo para o desenvolvimento do marketing no Brasil, sempre com o olhar atento às transformações tecnológicas e sociais que moldam o futuro da profissão.

PRÓLOGO

O marketing tem evoluído constantemente nos últimos anos, impulsionado pela transformação digital e pelas mudanças no comportamento do consumidor. O *Marketing 5.0*, introduzido por Philip Kotler, destacou a importância da tecnologia no processo de personalização e automação das interações com os consumidores. Com o uso de big data, inteligência artificial e automação, o *Marketing 5.0* trouxe uma nova era de otimização, permitindo que empresas utilizassem ferramentas tecnológicas para prever comportamentos e criar experiências mais eficazes.

Apesar desse avanço, o *Marketing 5.0* ainda focava fortemente em eficiência e resultados financeiros, deixando um espaço para a conexão emocional e humana com o consumidor. Foi nesse contexto que surgiu o *Marketing 6.5*, uma evolução natural que propõe integrar a tecnologia com um foco maior nas relações humanas. Essa nova abordagem, que desenvolvi a partir da observação das tendências atuais, propõe estratégias voltadas para dois grandes grupos: clientes e não-clientes, utilizando abordagens distintas para captação, retenção e expansão.

Enquanto o *Marketing 5.0* concentrava-se em processar grandes volumes de dados e otimizar operações, o *Marketing 6.5* vai além. Ele reconhece que, embora a tecnologia seja essencial, o foco na construção de relacionamentos duradouros e genuínos com os consumidores é igualmente vital. A hiperpersonalização, por exemplo, evolui no *Marketing 6.5* para não apenas criar ofertas segmentadas, mas também para oferecer experiências individualizadas com base nas preferências e comportamentos específicos de cada cliente. O uso de inteligência artificial continua a ser uma ferramenta crucial, ajudando a identificar essas preferências e otimizar as interações.

O *Marketing 6.5* também enfatiza a importância de estratégias de retenção. Mais do que atrair novos clientes, essa abordagem foca na construção de relacionamentos profundos com os clientes existentes, buscando aumentar o engajamento e a lealdade. A retenção de clientes é essencial, já que manter um cliente pode ser significativamente mais econômico do que conquistar novos, especialmente em mercados saturados.

Outro pilar do *Marketing 6.5* é a precificação dinâmica, ajustada em tempo real com base na análise de mercado e nos dados dos consumidores. A inteligência artificial permite que as empresas acompanhem flutuações e adaptem seus preços de forma ágil, sem perder de vista a experiência do cliente e o relacionamento que se pretende manter.

Finalmente, o *Marketing 6.5* traz uma forte ênfase no uso de *business intelligence* (BI) e análise de dados em tempo real, oferecendo às empresas ferramentas para monitorar suas ações e ajustar suas estratégias conforme necessário. A agilidade e a consistência nas ações de marketing são cruciais para o sucesso em um ambiente onde as informações se propagam rapidamente, e a reputação de uma marca pode ser afetada em questão de minutos.

O *Marketing 6.5* é uma resposta à necessidade de equilibrar tecnologia e humanização, construindo conexões mais profundas entre marcas e consumidores em um mundo cada vez mais digital.

INTELIGÊNCIA ARTIFICIAL: POTENCIALIZANDO CONEXÕES ENTRE MARCAS E CLIENTES

A inteligência artificial (IA) emergiu como uma das mais poderosas ferramentas de transformação no marketing contemporâneo. No entanto, ao contrário do que alguns temem, não acredito que a IA substituirá o ser humano nas interações entre marcas e consumidores. Pelo contrário, defendo que a IA está aqui para potencializar as capacidades humanas, especialmente no que diz respeito às relações entre marcas e clientes. Ela permite personalização em massa, previsões comportamentais mais precisas e interações mais relevantes, criando uma nova dimensão de conexão emocional entre consumidores e empresas. Neste capítulo, exploraremos como a IA pode ser utilizada para melhorar essas interações e discutir como ela pode ser vista como uma extensão das habilidades humanas, potencializando as relações e aumentando o engajamento.

A Revolução Tecnológica no Marketing

A evolução do marketing, especialmente com a introdução do *Marketing 5.0* por Philip Kotler, já havia nos preparado para um ambiente digital em que os dados desempenham um papel central. Kotler e seus coautores destacam que o marketing passou de uma era centrada no produto, depois no consumidor, para uma era em que a tecnologia e a conectividade são os principais motores da inovação e da interação entre marcas e consumidores. Nesse contexto, a IA surge como o próximo passo natural, permitindo que marcas alcancem os consumidores com um grau de precisão e relevância sem precedentes.

Segundo o *Relatório Nielsen de 2023*, 70% dos consumidores esperam que as marcas ofereçam experiências personalizadas. Esse dado revela uma tendência que não pode ser ignorada: a necessidade de personalização em escala. Com a quantidade de dados gerados diariamente, a IA se torna a única ferramenta capaz de processar essas informações de forma eficiente, identificando padrões e oferecendo insights que permitem uma personalização autêntica.

IA e Personalização: Um Novo Nível de Conexão

A personalização sempre foi um desafio no marketing, especialmente em larga escala. No passado, a segmentação de mercado era feita com base em dados demográficos e suposições sobre comportamentos de consumo. Hoje, com a ajuda da IA, é possível criar um nível de personalização que antes parecia inatingível.

Os algoritmos de IA permitem que as marcas analisem grandes volumes de dados e extraiam insights detalhados sobre preferências individuais, comportamentos e desejos dos consumidores. Dessa forma, as empresas podem não apenas segmentar seus públicos de maneira mais precisa, mas também entregar conteúdo, produtos e serviços que ressoem com as necessidades específicas de cada indivíduo. Segundo Kotler, o marketing moderno precisa ser "centrado no ser humano" e adaptar-se à jornada do consumidor em tempo real. A IA possibilita essa adaptação contínua, criando experiências altamente personalizadas, desde o primeiro contato com a marca até a pós-venda.

Por exemplo, a Amazon utiliza IA para recomendar produtos com base no histórico de compras e comportamentos de navegação de cada cliente. Essas recomendações não são apenas mais uma lista de produtos; elas são especificamente desenhadas para refletir o que é mais relevante para o consumidor naquele momento. De fato, segundo a *Nielsen*, 52% dos consumidores afirmam que é mais provável que comprem de uma marca que oferece recomendações personalizadas baseadas em suas interações anteriores.

Inteligência Artificial como Potencializadora das Interações Humanas

Embora a IA esteja se tornando cada vez mais eficiente na personalização e automação de tarefas, é importante reconhecer que ela não substitui o contato humano, mas o complementa. As marcas que conseguem utilizar a IA para facilitar e potencializar interações humanas têm uma vantagem competitiva significativa.

Um exemplo claro é o uso de *chatbots* em interações de atendimento ao cliente. Os *chatbots* baseados em IA são capazes de resolver questões simples de maneira rápida e eficiente, mas quando encontram uma situação mais complexa, eles direcionam a interação para um atendente humano. Isso permite que o atendente foque em resolver problemas mais delicados ou fornecer um atendimento mais personalizado, enquanto o chatbot cuida das interações rotineiras.

Esse tipo de parceria entre IA e humanos melhora a experiência do cliente, permitindo respostas rápidas e precisas, mas sem perder a dimensão humana necessária para lidar com questões emocionais ou personalizadas. Conforme citado no *Relatório Nielsen*, 57% dos consumidores consideram positivo o uso de IA para tarefas simples e repetitivas, desde que as interações mais complexas ainda sejam conduzidas por humanos.

Previsão de Comportamentos e Antecipação de Necessidades

Outro aspecto em que a IA se destaca é na capacidade de prever comportamentos futuros com base em dados históricos e em tempo real. Ao analisar o histórico de compras, hábitos de navegação e até interações sociais, a IA consegue identificar padrões de comportamento e antecipar as necessidades dos consumidores antes mesmo de eles expressarem essas necessidades.

Um exemplo prático disso pode ser visto em plataformas de streaming como Netflix e Spotify. Essas empresas utilizam IA para prever o que os usuários gostariam de assistir ou ouvir a seguir, com base em seus padrões de uso anteriores. Essas previsões são tão precisas que muitas vezes os consumidores se sentem como se a plataforma "lesse suas mentes". Isso cria uma conexão emocional entre a marca e o consumidor, pois o consumidor sente que a marca o entende em um nível pessoal.

Essa capacidade preditiva também pode ser aplicada no e-commerce e em campanhas de marketing digital. A IA pode prever quando um cliente está prestes a abandonar seu carrinho de compras e acionar uma mensagem personalizada, oferecendo um incentivo para concluir a compra. Essas ações proativas aumentam as taxas de conversão e criam uma experiência de compra mais fluida

Criando Relações Duradouras com IA

Um dos maiores desafios enfrentados pelas marcas hoje é construir e manter relacionamentos duradouros com seus consumidores. Em um mundo onde as opções são infinitas e a concorrência está a apenas um clique de distância, manter o cliente engajado e fiel é crucial para o sucesso a longo prazo.

A IA ajuda as marcas a manterem essa conexão ao longo do tempo, monitorando continuamente as interações e ajustando as estratégias conforme as mudanças nos comportamentos e nas preferências dos consumidores. Com a análise preditiva, por exemplo, as empresas podem antecipar quando um cliente pode estar perdendo o interesse e reengajá-lo com ofertas personalizadas ou conteúdos relevantes.

Kotler afirma que as marcas precisam "trabalhar duro para manter os clientes encantados e engajados, oferecendo experiências valiosas e consistentes". A IA torna isso possível ao criar interações constantes e relevantes com cada cliente, sem que a marca perca a capacidade de personalizar essas interações em larga escala.

O Futuro das Relações entre Marcas e Consumidores

A inteligência artificial continuará desempenhando um papel central nessa transformação, permitindo que as marcas ofereçam experiências mais conectadas, relevantes e humanas. Embora a IA automatize muitos processos, ela faz isso para liberar tempo e recursos para que os humanos possam se concentrar no que realmente importa: criar conexões emocionais e experiências que ressoam com os consumidores em um nível pessoal.

Conforme o *Relatório Nielsen*, 75% dos consumidores acreditam que as marcas que usam IA de forma transparente e responsável são mais confiáveis. Isso mostra que o futuro da IA no marketing não está apenas na sua capacidade de processar grandes volumes de dados ou prever comportamentos, mas também na maneira como as marcas a utilizam para se conectar com seus clientes de forma ética e significativa.

A inteligência artificial está mudando como as marcas se relacionam com os consumidores, mas seu papel não é substituir o ser humano. Em vez disso, a IA potencializa as capacidades humanas, permitindo uma personalização em massa, previsões mais precisas e interações mais significativas. O verdadeiro poder da IA reside na sua capacidade de ajudar as marcas a se conectarem com seus consumidores de maneira mais autêntica e eficaz, criando experiências que não apenas atendem às expectativas, mas as superam.

Com isso, o *Marketing 6.5* propõe um novo paradigma: a tecnologia e a IA são ferramentas que ampliam o alcance e a relevância das marcas, mas o coração do marketing continuará sendo humano. A combinação de IA com a intuição e a empatia humana é o que permitirá às marcas criar relações duradouras e significativas em um mundo cada vez mais digital.

MARKETING 6.5: A NOVA ERA DA CONEXÃO AUTÊNTICA ENTRE MARCAS E CONSUMIDORES

O marketing, como o conhecemos, passou por transformações radicais nos últimos anos. Desde o surgimento do marketing digital e o impacto da inteligência artificial, até o crescimento de plataformas sociais e a ascensão do Big Data, o cenário é de mudança constante. No entanto, acredito que chegamos a um ponto em que a evolução não deve ser apenas tecnológica, mas também humana. O *Marketing 6.5* surge como uma resposta a essa necessidade de equilíbrio entre a automação avançada e a verdadeira conexão emocional entre marcas e consumidores.

Diferente dos paradigmas anteriores, que se concentravam na eficiência operacional e no alcance em massa, o *Marketing 6.5* propõe uma abordagem integrada que coloca a autenticidade e a imperfeição no centro da estratégia. Afinal, vivemos em uma era onde a perfeição publicitária, que outrora parecia ser o objetivo final, já não gera as conexões profundas que as marcas tanto almejam. As pessoas não se conectam com o ideal, mas com o real – e esse é o ponto chave dessa nova abordagem.

A Evolução para o Marketing 6.5

Nos últimos anos, o marketing digital avançou enormemente, especialmente com a chegada do *Marketing 5.0*, que introduziu a integração tecnológica em um nível jamais visto. Big Data, automação e inteligência artificial passaram a ser ferramentas essenciais na estratégia das empresas, permitindo uma personalização em massa e uma eficiência de processos. No entanto, mesmo com toda essa tecnologia, algo se perdeu no caminho: a capacidade das marcas de criar vínculos verdadeiramente autênticos com as pessoas.

Esse é um dos principais pontos de ruptura que define o *Marketing 6.5*. Ao contrário das versões anteriores, ele não se contenta em apenas usar a tecnologia para impactar o consumidor. Ele utiliza essas ferramentas para construir uma relação que vai além da transação, focando em criar identificação genuína. Segundo o *Painel Nielsen de 2023*, 78% dos consumidores afirmam que preferem comprar de marcas que compartilham valores semelhantes aos seus. Isso nos mostra que o consumidor moderno busca conexão real e identificação, algo que a publicidade tradicional e "perfeita" não consegue entregar.

Essa nova proposta reconhece que o excesso de idealização nas campanhas publicitárias pode afastar o público. O consumidor não se vê representado em anúncios que mostram vidas impecáveis, produtos inatingíveis ou situações idealizadas. De fato, a "perfeição publicitária" já não gera a mesma resposta emocional que outrora. Em vez de encantar, ela muitas vezes cria distanciamento, tornando a marca inacessível.

O Papel da Imperfeição no Marketing 6.5

O *Marketing 6.5* defende que o real valor de uma marca está em sua capacidade de ser vulnerável, transparente e humana. Marcas que se posicionam de forma autêntica, mostrando suas falhas e limitações de maneira honesta, geram uma conexão emocional mais profunda com os consumidores. Em vez de esconder suas imperfeições, elas as abraçam e as utilizam para criar histórias e campanhas que ressoam com a vida real de seus públicos.

Essa abordagem também está alinhada com a necessidade de uma comunicação mais honesta e menos ensaiada. Segundo o *Relatório Nielsen*, 64% dos consumidores consideram as mensagens de marcas mais autênticas quando admitem imperfeições e mostram vulnerabilidade. Isso revela que o público não quer ser enganado por imagens de perfeição, mas quer ver marcas que se posicionam como parte de suas vidas, com seus desafios e imperfeições.

No entanto, ser autêntico não significa ser desleixado. O *Marketing 6.5* exige que as marcas saibam utilizar sua vulnerabilidade de maneira estratégica, para que as imperfeições se tornem um ponto de conexão, não de rejeição. Isso pode ser feito, por exemplo, através de campanhas que abordam os desafios reais enfrentados pelas empresas ou pelos consumidores, ou que destacam as imperfeições humanas com humor e empatia.

Inteligência Artificial: Ferramenta para Potencializar a Autenticidade

Embora a autenticidade seja o coração do *Marketing 6.5*, a tecnologia – especialmente a IA – continua sendo uma ferramenta fundamental. No entanto, a IA não deve ser vista como um substituto das interações humanas, mas como uma ferramenta que as potencializa. A personalização baseada em IA é capaz de transformar grandes volumes de dados em insights acionáveis, permitindo que as marcas entreguem experiências mais relevantes e customizadas.

Segundo o *Painel Nielsen*, 71% dos consumidores esperam que as marcas utilizem seus dados para criar experiências mais personalizadas e significativas. Isso nos mostra que, quando bem utilizada, a IA pode melhorar a percepção de relevância e proximidade entre a marca e o consumidor. No entanto, é crucial que essas interações sejam autênticas. A IA deve ser usada para aprimorar o entendimento das necessidades individuais e facilitar a comunicação humanizada, não para automatizar excessivamente a relação com o cliente.

Por exemplo, um chatbot pode ser extremamente útil para solucionar problemas simples e oferecer informações básicas. Mas, no *Marketing 6.5*, é fundamental que as interações mais profundas sejam conduzidas por humanos, pois é nesse nível que a verdadeira conexão emocional acontece. A combinação entre a capacidade preditiva da IA e a empatia humana cria uma experiência de marca que é ao mesmo tempo eficiente e emocionalmente relevante.

O Desafio da Conexão no Cenário Atual

Um dos grandes desafios que o *Marketing 6.5* busca enfrentar é o excesso de automação e o distanciamento que muitas marcas criaram em sua relação com os consumidores. Embora a tecnologia tenha proporcionado uma personalização em massa, muitas vezes o contato real, humano e empático foi deixado de lado. Isso resulta em interações que, embora eficientes, não geram identificação ou lealdade.

A proposta do *Marketing 6.5* é reequilibrar essa equação. Ele reconhece o valor da tecnologia, mas insiste que a personalização só é eficaz quando acompanhada de uma comunicação autêntica e vulnerável. Os consumidores precisam sentir que estão interagindo com uma marca que os entende de verdade, e que compartilha de seus desafios e valores.

Marcas que tentam manter uma fachada de perfeição, sem demonstrar suas limitações ou vulnerabilidades, correm o risco de parecerem artificiais e distantes. Já aquelas que são transparentes e autênticas, tanto em suas vitórias quanto em suas falhas, conseguem gerar conexões mais fortes e duradouras com seus públicos. Esse é o verdadeiro desafio do *Marketing 6.5*: encontrar o equilíbrio entre a eficiência tecnológica e a empatia humana.

O *Marketing 6.5* é uma proposta evolutiva que responde à necessidade de mais autenticidade no relacionamento entre marcas e consumidores. Ele reconhece que a perfeição publicitária já não é suficiente para gerar engajamento, e que as marcas precisam ser mais transparentes, vulneráveis e humanas para criar conexões reais. A tecnologia, especialmente a IA, é fundamental para potencializar essas relações, mas não substitui a importância do contato humano e da comunicação genuína.

Afinal, o marketing não se trata apenas de vender produtos ou serviços. Trata-se de criar relacionamentos. E em um mundo cada vez mais digital, a autenticidade e a vulnerabilidade são os novos imperativos para gerar lealdade e confiança. O *Marketing 6.5* nos convida a reavaliar como nos conectamos com os consumidores e a construir relações baseadas em experiências reais, honestas e, acima de tudo, humanas.

Estratégias de Captação, Retenção e Expansão

No mundo contemporâneo, o marketing deixou de ser apenas uma questão de visibilidade e se tornou uma complexa rede de relações que exige abordagens personalizadas para públicos distintos. O *Marketing 6.5*, que criei para responder às demandas de um mercado pós-moderno, propõe uma divisão clara dos públicos em três grandes grupos que necessitam de estratégias específicas: captação, retenção e expansão.

Em um cenário onde a inteligência artificial (IA) e o Big Data são ferramentas cruciais, a personalização das interações e o aprofundamento do relacionamento entre marcas e consumidores tornaram-se centrais. A partir da correta segmentação e das estratégias adequadas, as marcas podem maximizar suas oportunidades em cada estágio, potencializando suas relações com o consumidor e otimizando seus resultados de forma contínua.

Captação: A Atração de Novos Clientes

Captar novos clientes sempre foi um dos principais desafios do marketing. A cada dia, os consumidores estão mais exigentes e criteriosos, demandando abordagens que não apenas os atraiam, mas também os conectem emocionalmente com as marcas. É aqui que a IA entra como uma ferramenta poderosa para melhorar a precisão dessas interações iniciais. Ela permite que as empresas mapeiem os comportamentos de consumidores em tempo real, personalizando as mensagens e ofertas de acordo com o momento exato da jornada de compra.

De acordo com o *Relatório Nielsen de 2023*, 56% dos consumidores afirmam que, ao serem impactados por ofertas personalizadas, são mais propensos a considerar uma nova marca. Isso significa que a personalização não é apenas um diferencial, mas uma necessidade para a captação eficaz. A IA possibilita que as marcas identifiquem comportamentos de navegação, compras anteriores e interesses específicos para gerar anúncios e comunicações que se alinhem diretamente aos desejos e necessidades dos potenciais clientes.

Além da personalização, a IA é capaz de identificar os momentos ideais para a abordagem, utilizando dados preditivos para segmentar o público que está mais próximo de tomar uma decisão de compra. A captação, no *Marketing 6.5*, não é apenas sobre atrair atenção; trata-se de fornecer valor real e direcionado desde o primeiro contato, utilizando os insights gerados pela tecnologia para criar uma conexão verdadeira com o consumidor.

Retenção: Encantar e Fidelizar

Uma vez captados, os clientes entram em uma fase que é, sem dúvida, ainda mais desafiadora: a retenção. No *Marketing 6.5*, a retenção não se limita a manter os clientes comprando; trata-se de encantá-los continuamente, oferecendo experiências que façam com que eles se sintam valorizados e compreendidos pela marca.

Philip Kotler sempre destacou que "manter um cliente fiel é muito mais barato do que adquirir um novo", e o *Painel Nielsen* reforça essa visão ao apontar que 65% dos consumidores afirmam que continuarão comprando de uma marca que entrega consistentemente uma experiência de valor. Isso mostra o quanto é importante não apenas satisfazer, mas superar as expectativas dos clientes em cada interação.

A retenção no *Marketing 6.5* envolve o uso de IA para monitorar o comportamento dos clientes ao longo do tempo, identificando padrões de consumo e oferecendo interações que sejam relevantes e oportunas. Se um cliente compra regularmente um produto, por exemplo, a marca pode antecipar suas necessidades e oferecer uma promoção ou recomendação antes que ele pense em procurar um concorrente. A personalização constante e a capacidade de antecipar desejos são fundamentais para criar essa fidelização.

Mais do que isso, a IA pode identificar momentos críticos em que o cliente pode estar insatisfeito ou prestes a abandonar a marca. Nesse caso, o uso de dados em tempo real permite que a empresa implemente ações corretivas imediatamente, desde uma oferta exclusiva até uma mensagem personalizada de um representante da marca, reafirmando o compromisso com a satisfação do cliente.

Encantar o cliente é o principal objetivo da retenção no *Marketing 6.5*. Isso pode ser alcançado através da personalização constante, da melhoria contínua dos produtos e serviços, e da criação de experiências de compra que façam com que o consumidor se sinta parte de algo maior. A fidelidade emocional, e não apenas transacional, é a meta.

Expansão: Transformando Clientes em Embaixadores

No mundo digital de hoje, o poder da recomendação é inegável. Com o acesso imediato a avaliações e opiniões de outros consumidores, as decisões de compra são fortemente influenciadas pela experiência de outros usuários. No *Marketing 6.5*, a estratégia de expansão foca em transformar os clientes existentes em embaixadores da marca, utilizando a satisfação deles como uma ferramenta poderosa de aquisição de novos consumidores.

De acordo com a *Nielsen*, 92% dos consumidores confiam mais nas recomendações de amigos e familiares do que em qualquer outro tipo de publicidade. Isso demonstra o potencial das indicações e do marketing boca a boca em gerar resultados para a expansão da base de clientes.

A IA é crucial nesse processo de expansão, pois permite que as marcas identifiquem os clientes mais propensos a recomendarem produtos ou serviços, e oferece incentivos personalizados para estimular essa ação. Programas de fidelidade baseados em gamificação, por exemplo, podem ser utilizados para recompensar clientes que recomendam a marca a outros consumidores. Além disso, a análise preditiva pode identificar o momento exato em que um cliente satisfeito está mais inclinado a compartilhar sua experiência positiva com a marca.

No *Marketing 6.5*, a expansão vai além da simples recompensa pela indicação. Trata-se de criar uma relação em que o cliente se sente valorizado e parte do sucesso da marca. A ideia é que os consumidores não apenas indiquem por incentivo financeiro, mas porque acreditam verdadeiramente no valor da marca e desejam compartilhar essa experiência com suas redes.

O papel da tecnologia aqui é fundamental para identificar os consumidores mais leais e oferecer a eles uma experiência tão satisfatória que o impulso de recomendação surge de forma natural. Marcas que conseguem criar esse ciclo virtuoso de satisfação e recomendação crescem de forma sustentável, ampliando suas bases de clientes de maneira orgânica.

Desafios e Oportunidades no Marketing 6.5

Apesar das inúmeras oportunidades que o *Marketing 6.5* apresenta, ele também traz desafios que precisam ser considerados. Um dos maiores desafios é equilibrar a tecnologia com a humanização. Embora a IA seja uma ferramenta poderosa para entender e antecipar as necessidades dos clientes, o excesso de automação pode resultar em interações que parecem frias e impessoais.

Outro desafio é a confiança do consumidor. A crescente preocupação com a privacidade de dados significa que as marcas precisam ser transparentes sobre como utilizam as informações dos clientes. Segundo o *Relatório Nielsen*, 64% dos consumidores se preocupam com a forma como seus dados pessoais são usados por empresas. Isso reforça a necessidade de uma comunicação clara e de práticas éticas no uso de dados.

Ao mesmo tempo, o *Marketing 6.5* oferece uma oportunidade única de criar um marketing mais centrado no consumidor, onde a personalização e a relevância são prioridades. A combinação de IA, Big Data e uma abordagem humana tem o poder de transformar a maneira como as marcas se conectam com seus clientes, criando relacionamentos que não são apenas transacionais, mas emocionais e duradouros.

O *Marketing 6.5* nos ensina que, em um mundo saturado de mensagens e ofertas, o valor real está em entender profundamente o consumidor, criar uma conexão genuína e oferecer experiências que superem suas expectativas. Se utilizado de maneira estratégica, ele pode ser a chave para um marketing mais autêntico, eficaz e sustentável.

O *Marketing 6.5* traz uma abordagem nova e integrada, onde as estratégias de captação, retenção e expansão são potencializadas pelo uso da tecnologia, mas sempre com o foco na conexão humana. A personalização e a relevância, facilitadas pela IA, permitem que as marcas entendam e antecipem as necessidades dos consumidores, criando experiências que encantam e fidelizam.

O futuro do marketing está, sem dúvida, na capacidade de unir o poder da tecnologia com a autenticidade das relações humanas. Marcas que adotarem o *Marketing 6.5* estarão preparadas para criar conexões profundas, expandir suas bases de clientes de maneira orgânica e, acima de tudo, construir relacionamentos que vão além da transação, criando uma verdadeira lealdade emocional.

O PODER DO FOCO: COMO ENCONTRAR SEU 1%

No marketing contemporâneo, há uma máxima que deve ser gravada em pedra: "Ninguém vende para todo mundo". Em um mercado tão vasto e diversificado como o brasileiro, tentar agradar a todos é uma estratégia fadada ao fracasso. No *Marketing 6.5*, a chave do sucesso está em identificar um público extremamente específico, aquele 1% que se conecta profundamente com sua marca. Parece pouco, mas em um mercado com mais de 250 milhões de pessoas, 1% equivale a 2,5 milhões de potenciais consumidores. Encontrar e compreender esse nicho, utilizando tecnologias como a inteligência artificial (IA) e Big Data, é o que possibilita uma abordagem de marketing muito mais assertiva e eficiente.

Kotler, um dos grandes mestres do marketing, sempre destacou que segmentação precisa é o primeiro passo para uma estratégia eficaz. Segundo ele, "o marketing moderno deve ser personalizado e relevante. Não podemos mais nos dar ao luxo de enviar mensagens genéricas e esperar resultados". Isso faz ainda mais sentido em uma era onde os consumidores são bombardeados por informações a cada segundo. Somente marcas que falam diretamente com as necessidades e desejos de seu público específico conseguem se destacar nesse oceano de informações.

A Era da Personalização: Menos é Mais

Se no passado as empresas buscavam atingir o maior número de pessoas possível com suas campanhas de marketing, o cenário atual exige uma mudança de mentalidade. A personalização se tornou a grande estrela da estratégia de marketing no século 21. O público-alvo deve ser entendido não apenas como um grupo de pessoas com características demográficas semelhantes, mas como indivíduos com comportamentos, desejos e problemas específicos que precisam ser resolvidos.

Dados do *Relatório Nielsen de 2023* revelam que 78% dos consumidores estão mais propensos a interagir com marcas que oferecem experiências personalizadas. Ou seja, a personalização não é mais uma vantagem competitiva – é uma necessidade para a sobrevivência no mercado. E como se personaliza em grande escala? A resposta está na tecnologia.

A utilização de IA para segmentar e mapear o público é um dos pilares do *Marketing 6.5*. Através da análise de dados em tempo real, a IA é capaz de identificar comportamentos, preferências e padrões de compra que seriam impossíveis de detectar manualmente. Com essas informações em mãos, as marcas conseguem focar seus esforços em um público que já demonstrou interesse ou propensão a consumir o produto, otimizando recursos e ampliando as chances de conversão.

De acordo com Kotler, o marketing moderno precisa ser ágil e eficiente: "O desafio do marketing digital é usar as novas tecnologias para encontrar o público certo e oferecer a eles exatamente o que desejam, no momento certo". E é exatamente isso que a IA oferece: uma maneira precisa de segmentar, focar e personalizar cada interação.

Por que Focar no 1%?

No *Marketing 6.5*, entendemos que a segmentação precisa não é uma questão de excluir potenciais consumidores, mas de maximizar o impacto onde realmente importa. Focar no seu 1% não significa ignorar o restante do mercado, mas sim concentrar energia e recursos onde eles trarão os melhores resultados. Afinal, é melhor ser extremamente relevante para um pequeno grupo de pessoas do que tentar ser tudo para todos e, no final, não ressoar com ninguém.

Se olharmos para o mercado brasileiro, por exemplo, uma fatia de 1% representa cerca de 2,5 milhões de pessoas. Imagine que sua marca consegue identificar um segmento de consumidores que se alinham perfeitamente com seus valores, seu produto e suas soluções. Essa fatia do mercado não apenas representa um enorme potencial de receita, mas também tende a ser mais leal e engajada com a marca. Dados do *Painel Nielsen* indicam que 65% dos consumidores são mais leais às marcas que sentem que os compreendem. O público desse 1% se torna, assim, um grupo de embaixadores da marca, defendendo seus produtos e influenciando outros consumidores.

Esse foco também permite otimizar os investimentos em marketing. Ao invés de gastar dinheiro com campanhas amplas que atingem pessoas sem nenhum interesse na marca, o investimento é direcionado para um público altamente segmentado, com maior probabilidade de conversão e engajamento. Isso resulta em maior retorno sobre o investimento (ROI) e campanhas mais eficientes.

Como a IA Ajuda a Encontrar Seu 1%

Para identificar esse 1%, a IA é uma ferramenta indispensável. Ela não apenas analisa grandes volumes de dados, mas aprende com eles, identificando padrões e insights valiosos sobre os consumidores. Com a IA, é possível ir além das segmentações tradicionais (como gênero, idade e localização), aprofundando-se em dados comportamentais, psicológicos e até preditivos.

Um exemplo prático de como a IA pode ser usada para mapear o público é a análise de comportamento de navegação. A IA rastreia e analisa como os usuários interagem com o site, quais produtos eles visualizam, quanto tempo permanecem em uma página e até onde clicam. Esses dados são combinados com informações de histórico de compras e engajamento em redes sociais, permitindo criar perfis detalhados dos consumidores e segmentar o público com extrema precisão.

Além disso, a IA ajuda a personalizar a comunicação em tempo real. Se um consumidor mostra interesse em um determinado produto, a IA pode automaticamente ajustar as mensagens de marketing e até as ofertas de acordo com esse comportamento. Isso cria uma experiência fluida, onde o consumidor sente que a marca está sempre um passo à frente, antecipando suas necessidades.

As plataformas de e-commerce são um exemplo claro de como a IA já está transformando a personalização. Segundo a *Nielsen*, 58% dos consumidores estão dispostos a compartilhar seus dados em troca de ofertas personalizadas. Isso significa que os consumidores não só aceitam, como esperam que as marcas usem esses dados para criar experiências de compra mais relevantes e personalizadas.

A Importância do Fator Humano no Marketing 6.5

Embora a tecnologia desempenhe um papel central no *Marketing 6.5*, é importante lembrar que o fator humano nunca deve ser descartado. A IA pode mapear o comportamento e personalizar a experiência, mas o toque humano – a empatia e o entendimento real das necessidades emocionais do consumidor – ainda é essencial para criar conexões verdadeiras.

Por isso, o *Marketing 6.5* não se trata apenas de tecnologia, mas de usar a tecnologia como uma ferramenta para aproximar as marcas de seus consumidores. Em última análise, o objetivo é criar experiências significativas que vão além da venda, construindo relacionamentos de longo prazo baseados na confiança e na lealdade.

Essa é a verdadeira essência do *Marketing 6.5*: combinar a precisão da IA com a empatia e autenticidade humanas, criando uma experiência que ressoe profundamente com os consumidores. Como Kotler afirma: "O marketing do futuro será cada vez mais sobre como construir pontes entre as marcas e as emoções humanas". E para construir essas pontes, é necessário entender quem é o seu público e como falar diretamente com ele.

O *Marketing 6.5* é uma resposta às demandas de um mercado saturado e hiperconectado. Ao invés de tentar atingir a todos, ele foca no que realmente importa: encontrar e se conectar profundamente com o 1% do público que tem o maior potencial de gerar valor para a marca. A IA e o Big Data permitem uma segmentação mais precisa, enquanto a personalização em tempo real cria experiências relevantes e memoráveis.

Nesse novo paradigma, menos é mais. Ao entender que "ninguém vende para todo mundo", as marcas que adotam o *Marketing 6.5* conseguem ser muito mais assertivas em suas estratégias, alcançando resultados superiores e construindo relacionamentos de longo prazo com seus consumidores.

PERSONAS NO MARKETING 6.5: CONECTANDO MARCAS E CONSUMIDORES COM PRECISÃO

No universo do *Marketing 6.5*, existe uma regra que não pode ser ignorada: quanto mais assertivo e nichado for seu público-alvo, maior será sua chance de sucesso. No entanto, segmentar o público não é suficiente se você não souber exatamente com quem está falando. É aí que entram as *personas*, representações semifictícias baseadas em dados reais sobre os consumidores. Elas são uma peça fundamental na criação de uma estratégia que verdadeiramente ressoe com o público, permitindo que as marcas criem conexões autênticas e ofereçam soluções personalizadas.

No marketing tradicional, as personas já desempenhavam um papel relevante, mas no *Marketing 6.5* sua importância é levada a outro nível. Não basta criar uma ou duas personas e esperar que elas cubram todo o público-alvo. O mercado é diverso, as necessidades dos consumidores variam e, por isso, é necessário criar o maior número possível de personas para cobrir todas as lacunas de seu público. Além disso, o uso da inteligência artificial (IA) é fundamental para mapear, criar, acompanhar e ajustar essas personas em tempo real, garantindo que elas reflitam com precisão as mudanças constantes no comportamento dos consumidores.

A Importância de Personas Precisamente Definidas

Philip Kotler, referência global em marketing, destaca que a personalização é a chave para construir relacionamentos duradouros com os clientes. Ele afirma: "As empresas precisam aprender a oferecer valor individualizado a cada cliente, porque o cliente quer ser tratado como uma pessoa, e não como uma massa homogênea". Isso só é possível quando temos uma compreensão detalhada de quem são essas pessoas e o que realmente esperam de uma marca.

As personas nos permitem alcançar esse nível de personalização, oferecendo uma visão detalhada de aspectos como idade, gênero, hábitos de consumo, estilo de vida, objetivos e até mesmo seus desafios pessoais. A segmentação do público em várias personas nos dá a capacidade de falar diretamente com as diferentes necessidades, dores e desejos dos consumidores, criando uma abordagem mais eficiente e relevante.

Por exemplo, imagine que uma marca de cosméticos identifique que seu público-alvo é composto por mulheres entre 18 e 45 anos. No entanto, dentro desse grupo, há diferenças significativas entre aquelas que buscam produtos naturais e aquelas que preferem inovação tecnológica nos cuidados com a pele. Cada grupo terá expectativas e prioridades diferentes, exigindo abordagens personalizadas. Criar apenas uma persona para "mulheres" nesse caso seria um erro, pois desconsideraria as nuances que diferenciam um perfil de consumidor do outro.

Por isso, no *Marketing 6.5*, ter o máximo de personas possíveis é uma estratégia essencial. Cada uma deve refletir um aspecto distinto de seu público-alvo, garantindo que sua comunicação seja adaptada a diferentes perfis, ao invés de uma abordagem única e genérica.

O Papel da IA na Criação e Gestão de Personas

Com a ajuda da inteligência artificial, a criação e ajuste de personas deixou de ser uma tarefa manual e subjetiva. A IA é capaz de coletar dados de inúmeras fontes — redes sociais, comportamento de navegação, interações de compra e muito mais —, ajudando a construir personas baseadas em informações reais e atualizadas.

O *Relatório Nielsen de 2023* aponta que 64% dos consumidores esperam que as marcas utilizem suas informações para oferecer experiências personalizadas. A IA permite que essa expectativa seja atendida de forma dinâmica, mapeando automaticamente as preferências dos consumidores e ajustando as personas conforme o comportamento dos clientes evolui. Isso significa que as personas não são fixas; elas podem e devem ser ajustadas conforme novas informações chegam.

No *Marketing 6.5*, a IA não apenas mapeia os dados demográficos básicos, como idade e gênero, mas também os comportamentos e as emoções dos consumidores. Ao analisar padrões de compra, interações com a marca e até mesmo sentimentos expressos nas redes sociais, a IA consegue criar perfis de consumidores muito mais detalhados. Isso permite que as marcas entreguem o produto certo, na hora certa, para a persona certa.

Além disso, a IA ajuda a otimizar o acompanhamento dessas personas ao longo do tempo. Se, por exemplo, uma determinada persona está deixando de interagir com a marca, os algoritmos podem detectar essa mudança e sugerir ajustes na comunicação ou até no produto oferecido, visando reconquistar aquele consumidor.

Versões Personalizadas de Produtos para Cada Persona

No *Marketing 6.5*, personalizar a comunicação é apenas o começo. A verdadeira revolução está em criar versões do produto para cada uma dessas personas. A ideia aqui é clara: assim como os consumidores têm necessidades e desejos diferentes, seus produtos também devem ser adaptados para atender a esses perfis distintos.

A tecnologia novamente desempenha um papel fundamental nesse processo. Com o auxílio da IA, é possível analisar as preferências de cada grupo e ajustar os produtos segundo o que realmente importa para cada persona. Empresas que trabalham com plataformas de e-commerce, por exemplo, podem adaptar suas vitrines virtuais para exibir produtos diferentes com base nas personas de cada usuário. Se uma persona valoriza a sustentabilidade, o site pode priorizar produtos ecológicos. Se outra persona busca inovação, os itens de tecnologia mais avançada podem ser destacados.

Essa capacidade de personalização também se aplica a setores como o de serviços. No mercado de viagens, por exemplo, uma persona que valoriza o luxo receberá recomendações de hotéis cinco estrelas e passeios exclusivos, enquanto outra persona, que preza por economia, será impactada com ofertas de viagens acessíveis e dicas de economia.

O impacto desse nível de personalização no comportamento de compra é significativo. Conforme o *Relatório Nielsen*, 59% dos consumidores estão dispostos a pagar mais por uma experiência personalizada. Ou seja, ao oferecer produtos adaptados às necessidades específicas de cada persona, as marcas não apenas aumentam suas vendas, mas também conseguem elevar o valor percebido de seus produtos.

Ajustando as Personas em Tempo Real

Um dos grandes desafios enfrentados pelas marcas é acompanhar as mudanças constantes no comportamento dos consumidores. O que era relevante para uma persona há seis meses pode não ser mais hoje. A tecnologia do *Marketing 6.5* oferece uma solução para esse problema, permitindo que as personas sejam ajustadas em tempo real com base nos dados mais recentes.

A IA não apenas coleta e analisa dados, mas também identifica padrões de comportamento em evolução. Se uma persona que costumava valorizar um determinado benefício (como o preço) começa a priorizar outra característica (como a sustentabilidade), a IA detecta essa mudança e ajusta automaticamente o perfil da persona. Isso garante que a comunicação e os produtos oferecidos estejam sempre alinhados com as expectativas e demandas atuais dos consumidores.

Essa flexibilidade é essencial para marcas que operam em mercados dinâmicos e altamente competitivos. Marcas que conseguem ajustar suas personas em tempo real têm uma vantagem competitiva significativa, pois permanecem sempre relevantes, enquanto outras que não acompanham as mudanças correm o risco de perder a conexão com seus clientes.

O Fator Humano no Desenvolvimento de Personas

Embora a tecnologia desempenhe um papel crucial na criação e ajuste de personas, o fator humano nunca deve ser deixado de lado. A empatia e o entendimento profundo das emoções e motivações dos consumidores são aspectos que a IA ainda não consegue replicar completamente. Por isso, o *Marketing 6.5* defende uma abordagem híbrida, onde a tecnologia é usada para fornecer dados e insights, mas as decisões estratégicas são sempre guiadas pela intuição humana.

Kotler afirma que o marketing moderno deve "combinar a arte e a ciência para criar experiências que ressoam com os consumidores". O papel da marca, portanto, é usar a IA para entender as preferências dos consumidores, mas ainda confiar em seres humanos para criar uma mensagem autêntica e emocional que realmente se conecte com eles.

No *Marketing 6.5*, as personas são a base para uma estratégia de marketing personalizada, assertiva e eficiente. Elas permitem que as marcas segmentem seu público de forma detalhada e ofereçam comunicações e produtos que ressoem com cada grupo de consumidores. A inteligência artificial potencializa esse processo, mapeando, criando e ajustando personas em tempo real, garantindo que as marcas estejam sempre um passo à frente na compreensão das necessidades e desejos de seus clientes.

No entanto, o fator humano é o que dá alma a essas interações. No final do dia, o sucesso do *Marketing 6.5* depende de marcas que saibam equilibrar a precisão da tecnologia com a autenticidade da comunicação. Afinal, as personas são mais do que simples dados; elas representam pessoas reais com histórias, emoções e expectativas que devem ser respeitadas e atendidas.

PRODUTOS HIPERPERSONALIZADOS: A NOVA FRONTEIRA DO MARKETING 6.5

Vivemos em um momento em que o consumidor tem mais opções do que nunca. De acordo com o *Relatório Nielsen de 2023*, 73% dos consumidores acreditam que as marcas devem entender suas necessidades e oferecer produtos que atendam diretamente aos seus interesses. Diante dessa realidade, uma coisa é clara: o mercado está saturado. A oferta de produtos e serviços é gigantesca, e as empresas que ainda tentam empurrar soluções genéricas para todos estão perdendo espaço para aquelas que abraçam a personalização.

O *Marketing 6.5* surge para lidar com essa realidade de forma mais assertiva e eficiente, trazendo o conceito de **produto hiperpersonalizado** como um dos seus pilares fundamentais. A proposta é clara: ao invés de oferecer uma solução única e esperar que ela ressoe com diferentes tipos de consumidores, as empresas precisam desenvolver produtos específicos para cada segmento, ou melhor, para cada *persona*. Isso significa focar naqueles consumidores que fazem parte do seu "1%" — um nicho que, embora pequeno em proporção ao mercado total, é altamente relevante em termos de valor e engajamento. E para fazer isso de maneira eficaz, a inteligência artificial (IA) e o Big Data tornam-se ferramentas essenciais.

A Saturação do Mercado e a Necessidade de Diferenciação

Philip Kotler, em suas análises sobre o futuro do marketing, destaca que a "personalização é o novo padrão". Não basta mais oferecer qualidade ou preço competitivo — os consumidores de hoje querem sentir que o produto foi feito especificamente para eles. Isso se aplica a todos os setores. Do vestuário aos serviços financeiros, da alimentação aos dispositivos eletrônicos, a tendência é clara: o consumidor deseja algo que atenda às suas necessidades pessoais de maneira precisa.

O *Relatório Nielsen* indica que 78% dos consumidores são mais propensos a comprar de marcas que oferecem experiências personalizadas. Este número reflete uma mudança significativa no comportamento do consumidor moderno. Eles não querem mais produtos genéricos; eles querem soluções que compreendam suas necessidades, antecipem seus desejos e ofereçam valor de maneira individualizada. O produto hiperpersonalizado é, portanto, a chave para se destacar em um ambiente de mercado onde a variedade excessiva pode se tornar paralisante.

Por que focar no 1%?

No *Marketing 6.5*, a ideia de focar no "1%" do mercado refere-se àqueles consumidores que são profundamente alinhados com os valores e soluções da sua marca. Embora representem uma pequena fração do mercado total, esses consumidores são responsáveis por uma parcela significativa das vendas e, mais importante, da lealdade e advocacia da marca. A estratégia é simples: ao invés de tentar agradar todo mundo, foque no nicho que mais valoriza o que sua marca oferece.

Se considerarmos o Brasil, uma fatia de 1% do mercado representa cerca de 2,5 milhões de pessoas. Agora imagine se sua empresa conseguir criar produtos que sejam profundamente ressonantes com as necessidades desse público altamente segmentado. Você estará criando uma conexão de longo prazo, onde o cliente não só vê valor no que você oferece, mas sente que a marca está em sintonia com suas necessidades individuais. Isso gera não apenas vendas, mas defensores da marca — consumidores que promovem sua empresa de forma voluntária.

O papel da IA no Desenvolvimento de Produtos Hiperpersonalizados

Desenvolver produtos ou serviços personalizados para um nicho específico é um desafio. Como saber exatamente o que esses consumidores querem? Como identificar suas dores, suas aspirações e suas expectativas? É aí que a IA entra em cena. Ferramentas de IA permitem às empresas coletar e analisar dados de maneira precisa, mapeando o comportamento do consumidor em tempo real e ajustando suas ofertas conforme as mudanças nas preferências do público.

Por exemplo, plataformas de e-commerce já utilizam IA para entender quais produtos estão atraindo mais interesse, quais são abandonados no carrinho e quais têm maior taxa de recompra. Essa análise, somada a dados de comportamento de navegação e interações com a marca em redes sociais, oferece uma visão detalhada do que realmente importa para o consumidor. De posse dessas informações, as empresas conseguem ajustar e desenvolver produtos que se alinhem diretamente com as demandas de seu 1%.

Além disso, a IA permite identificar padrões em grandes volumes de dados, algo que seria impossível de fazer manualmente. Um exemplo disso é a capacidade de prever comportamentos futuros. Através da análise de dados passados, a IA pode sugerir que determinado segmento de consumidores tem maior propensão a adotar novas tecnologias, enquanto outro segmento prefere opções mais tradicionais. Essas informações são valiosas para a criação de produtos que já nascem hiperpersonalizados.

Kotler afirma que "o marketing hoje deve ser capaz de prever as necessidades dos consumidores, antes mesmo de eles saberem o que precisam". E a IA oferece exatamente essa capacidade. Com uma análise detalhada de comportamentos passados e tendências emergentes, é possível criar produtos que não apenas atendem às necessidades atuais, mas também antecipam futuras demandas.

Eliminando o Desnecessário: Menos é Mais

Outro aspecto crucial do *Marketing 6.5* é a necessidade de eliminar produtos que não estão atendendo às expectativas do público. Muitas empresas mantêm em seus portfólios produtos que, na prática, não agregam valor para seus consumidores. Esse excesso de opções pode confundir o cliente e até mesmo diluir a percepção de valor da marca.

No contexto do produto hiperpersonalizado, o ideal é focar naqueles itens que realmente fazem a diferença para o consumidor. Produtos genéricos, que não têm apelo ou relevância para o público-alvo, devem ser eliminados. Isso não apenas melhora a eficiência operacional da empresa, como também reforça a percepção de que a marca se preocupa em oferecer soluções realmente valiosas, e não apenas quantidade.

A IA novamente desempenha um papel central aqui. Ao analisar dados de vendas, feedback dos consumidores e comportamento de navegação, a IA pode identificar quais produtos estão desempenhando bem e quais estão sendo ignorados. Com essas informações, as empresas podem tomar decisões mais informadas sobre quais produtos manter, quais melhorar e quais eliminar.

Customização em Massa: O Melhor de Dois Mundos

Um dos maiores avanços proporcionados pela tecnologia no *Marketing 6.5* é a capacidade de combinar a eficiência da produção em massa com a personalização individualizada. A customização em massa permite que empresas produzam em larga escala, mas com a flexibilidade necessária para atender às preferências individuais de seus consumidores.

Esse modelo já está sendo adotado em várias indústrias, como a de moda e de automóveis. Marcas como Nike e Adidas, por exemplo, permitem que os consumidores customizem seus tênis, escolhendo cores, materiais e até mesmo inserindo suas iniciais nos produtos. Ao oferecer essa personalização em larga escala, as marcas criam uma experiência única para cada consumidor, sem sacrificar a eficiência de produção.

Essa abordagem também se aplica a setores como o de alimentos e bebidas. Empresas de fast food, por exemplo, têm adotado quiosques digitais onde os consumidores podem personalizar suas refeições com base em suas preferências alimentares, alergias ou necessidades nutricionais. Segundo o *Relatório Nielsen*, 59% dos consumidores estão dispostos a pagar mais por produtos que podem ser personalizados de acordo com suas necessidades específicas.

O Futuro da Personalização: De Produtos a Experiências

À medida que avançamos na era do *Marketing 6.5*, a personalização não se limitará apenas aos produtos. As experiências que envolvem a aquisição e o uso desses produtos também estão se tornando hiperpersonalizadas. A IA já está sendo utilizada para criar experiências de compra que se ajustam às preferências individuais de cada consumidor.

Plataformas de e-commerce são um exemplo claro disso. Elas utilizam IA para ajustar a interface de acordo com o comportamento do usuário, mostrando produtos que são mais relevantes para aquele consumidor específico. Se um cliente costuma comprar roupas esportivas, o site ajusta automaticamente sua vitrine para destacar os lançamentos nessa categoria. Se outro cliente prefere produtos sustentáveis, o site pode dar destaque para itens com menor impacto ambiental.

Kotler nos lembra que o marketing do futuro não se trata apenas de vender produtos, mas de criar experiências significativas para os consumidores. E a personalização dessas experiências é o que diferenciará as marcas que prosperarão daquelas que ficarão para trás.

Desafios e Oportunidades

Embora o conceito de produto hiperpersonalizado ofereça grandes oportunidades, ele também traz desafios. O maior deles é a gestão eficiente da informação. Para criar e entregar produtos verdadeiramente personalizados, as empresas precisam ser capazes de coletar, armazenar e analisar grandes volumes de dados de forma eficaz. Além disso, há a questão da privacidade, que não pode ser ignorada. Com a crescente preocupação dos consumidores sobre como suas informações são utilizadas, as empresas precisam ser transparentes e éticas no uso desses dados.

No entanto, as oportunidades superam os desafios. As marcas que conseguem integrar IA, personalização e foco no nicho têm uma vantagem competitiva significativa. Elas não apenas aumentam suas chances de conversão, como também criam relações mais fortes e duradouras com seus consumidores. Afinal, quando o cliente sente que o produto foi feito sob medida para ele, sua conexão com a marca se fortalece, resultando em maior lealdade e advocacia.

O *Marketing 6.5* coloca a personalização no centro da estratégia de produto. Em um mercado saturado, onde os consumidores têm mais opções do que nunca, desenvolver soluções hiperpersonalizadas é a única maneira de se destacar. A IA e o Big Data oferecem as ferramentas necessárias para identificar as dores do público, prever tendências e ajustar as ofertas de maneira precisa e eficiente.

Com um foco no "1%" do mercado, as empresas que adotam o *Marketing 6.5* conseguem criar produtos que realmente ressoam com seus consumidores, ao mesmo tempo em que eliminam soluções genéricas que não agregam valor. No final das contas, a personalização não é apenas o futuro do marketing — ela é única forma de garantir relevância em um mundo onde a oferta parece infinita, mas a atenção do consumidor é cada vez mais limitada.

PRECIFICAÇÃO DINÂMICA: A ARTE DE AJUSTAR PREÇOS

No mundo pós-moderno do *Marketing 6.5*, a precificação deixou de ser uma decisão estática, baseada unicamente em custos e margens de lucro. Hoje, com o aumento da concorrência e a facilidade com que os consumidores podem comparar preços em tempo real, acertar no valor de seus produtos ou serviços é um desafio diário, que exige precisão e agilidade. Mais do que nunca, a precificação se tornou uma ciência que combina dados, tecnologia e um profundo entendimento das expectativas do consumidor.

Conforme o *Relatório Nielsen de 2023*, 81% dos consumidores pesquisam preços online antes de efetuar uma compra. Essa prática, conhecida como *showrooming*, tornou-se comum e empoderou o consumidor, que pode facilmente descobrir o melhor preço para praticamente qualquer produto ou serviço. Em resposta, as empresas precisam adotar uma abordagem mais flexível, ajustando seus preços de forma dinâmica para permanecerem competitivas e, ao mesmo tempo, preservarem suas margens de lucro.

Neste capítulo, vamos explorar como o conceito de *precificação dinâmica*, impulsionado por ferramentas digitais e inteligência artificial (IA), permite que as marcas ajustem seus preços de forma contínua e estratégica, refletindo as flutuações do mercado e o comportamento dos consumidores em tempo real. Essa prática, quando bem executada, pode gerar não apenas aumento nas vendas, mas também fortalecer a confiança do consumidor em sua marca.

O Impacto da Comparação Instantânea de Preços

Philip Kotler, em suas análises sobre o marketing moderno, afirma que "o consumidor de hoje é informado e conectado. A internet permite que ele compare preços e produtos em segundos". Essa conectividade criou um cenário onde o preço é, muitas vezes, o primeiro fator de decisão para grande parte dos consumidores. Com um smartphone nas mãos, eles podem conferir o valor de um produto em diferentes lojas online e físicas, buscando sempre o melhor custo-benefício.

Segundo a *Nielsen*, 58% dos consumidores afirmam que a precificação é o fator mais importante na decisão de compra. Diante disso, é essencial que as empresas monitorem constantemente os preços praticados por seus concorrentes, identificando oportunidades de ajuste que lhes permitam manter-se competitivas sem comprometer a lucratividade.

No entanto, definir o preço ideal não é uma tarefa simples. Muitos fatores entram em jogo: desde a percepção de valor do consumidor até os custos operacionais e a dinâmica da demanda. Felizmente, a tecnologia oferece soluções que tornam essa equação mais gerenciável.

A Ascensão da Precificação Dinâmica

A *precificação dinâmica* é a prática de ajustar os preços de produtos ou serviços de acordo com as condições de mercado em tempo real. Esse modelo é amplamente utilizado por empresas de aviação, hotelaria e e-commerce, onde a oferta e a demanda flutuam constantemente. Com a ajuda da IA, a precificação dinâmica permite que as empresas alterem seus preços com base em uma série de fatores, como:

- Variação na demanda de produtos;
- Preços da concorrência;
- Comportamento de compra do consumidor;
- Sazonalidade;
- Estoque disponível.

Em um mundo onde os consumidores esperam atualizações rápidas e ofertas personalizadas, a precificação dinâmica é a melhor maneira de garantir que sua empresa esteja sempre competitiva, sem sacrificar margens. O desafio, no entanto, é encontrar o equilíbrio entre ajustar os preços de forma atrativa para o consumidor e manter a lucratividade. É aqui que a IA desempenha um papel crucial.

Como a IA Transforma a Precificação em Tempo Real

A inteligência artificial trouxe uma revolução na forma como as empresas lidam com a precificação. Ao contrário dos métodos tradicionais, em que os preços eram revisados periodicamente, a IA permite monitorar e ajustar os valores de maneira contínua, com base em um fluxo constante de dados.

A IA coleta informações de diversas fontes: plataformas de e-commerce, redes sociais, feedback de clientes, concorrência e comportamento de compra. Com esses dados, os algoritmos podem prever mudanças na demanda, identificar tendências emergentes e ajustar os preços de forma automática e em tempo real.

Imagine que você gerencia uma loja de e-commerce e está vendendo um modelo de smartphone popular. Ao monitorar a demanda e os preços da concorrência, a IA pode sugerir que você aumente o preço em momentos de alta demanda, garantindo um aumento na margem de lucro. Por outro lado, em um período de baixa demanda ou quando um concorrente oferece um desconto significativo, a IA pode recomendar uma redução temporária de preço, mantendo a competitividade sem sacrificar completamente sua margem.

Esse tipo de ajuste fino seria inviável sem a ajuda de uma ferramenta automatizada. De acordo com o *Relatório Nielsen*, 46% dos consumidores afirmam que são influenciados por promoções e descontos pontuais na hora de decidir uma compra. Portanto, ser capaz de ajustar os preços de forma ágil é uma grande vantagem competitiva.

Precificação Personalizada: Entendendo a Disposição de Pagamento do Consumidor

Um dos avanços mais significativos da IA aplicada à precificação é a capacidade de personalizar preços com base no perfil de cada consumidor. Enquanto a precificação dinâmica ajusta os valores com base em fatores macro, como demanda e preços da concorrência, a personalização de preços vai um passo além ao considerar as preferências e o comportamento individual de cada consumidor.

Essa estratégia, conhecida como *precificação personalizada*, envolve o uso de dados para criar ofertas e descontos que sejam exclusivos para cada cliente. O algoritmo da IA pode analisar o histórico de compras, a frequência de visitas ao site, as preferências de produtos e até mesmo o tempo de navegação em uma página específica. Com essas informações, a empresa pode oferecer um desconto especial ou ajustar o preço de um produto com base na disposição de pagamento daquele cliente específico.

Kotler ressalta que "as marcas que conhecem profundamente seus clientes conseguem criar ofertas que ressoam em um nível pessoal". E a precificação personalizada é uma forma poderosa de demonstrar esse conhecimento, oferecendo ao cliente uma sensação de exclusividade e valor agregado.

Essa prática já é amplamente utilizada por grandes empresas de e-commerce e plataformas de streaming. Por exemplo, a Amazon utiliza a personalização de preços para oferecer descontos em produtos que um cliente visita com frequência, aumentando as chances de conversão. Da mesma forma, serviços de assinatura, como a Netflix, utilizam a análise de dados para ajustar suas ofertas e preços com base no perfil de uso de cada assinante.

É importante, no entanto, que essa estratégia seja utilizada com cuidado. A personalização excessiva ou a percepção de que os preços são diferentes para cada consumidor pode gerar desconfiança. Transparência e comunicação clara são essenciais para garantir que os consumidores entendam o valor e a lógica por trás das mudanças de preço.

O Desafio da Transparência e Confiança do Consumidor

Um dos grandes desafios da precificação dinâmica e personalizada é manter a confiança do consumidor. Em um cenário onde os preços podem variar de um minuto para o outro, é essencial que as empresas adotem uma postura transparente em relação aos seus métodos de precificação. Os consumidores estão cada vez mais atentos à forma como as marcas utilizam seus dados, e qualquer percepção de injustiça ou manipulação pode prejudicar a imagem da empresa.

De acordo com o *Relatório Nielsen*, 64% dos consumidores dizem estar preocupados com a forma como suas informações pessoais são usadas pelas empresas. Isso reforça a necessidade de transparência na comunicação das estratégias de precificação. As marcas que conseguem equilibrar personalização e ética no uso de dados têm uma chance maior de construir relações duradouras e de confiança com seus clientes.

Além disso, a IA pode ajudar a identificar o ponto de equilíbrio entre personalização e transparência. Utilizando a análise de sentimento e feedbacks em tempo real, as empresas podem ajustar suas estratégias para garantir que os consumidores se sintam confortáveis com as práticas de precificação adotadas.

Estratégias para Implementar a Precificação Dinâmica

Para empresas que desejam implementar a precificação dinâmica como parte de sua estratégia de *Marketing 6.5*, alguns passos são essenciais:

1. **Investimento em IA e análise de dados:** O sucesso da precificação dinâmica depende da capacidade de coletar e analisar dados em tempo real. Isso requer investimentos em tecnologia, como plataformas de IA e ferramentas de monitoramento de preços da concorrência.
2. **Monitoramento contínuo do mercado:** A precificação dinâmica só funciona se você souber o que está acontecendo no mercado. Isso significa acompanhar não apenas os preços dos concorrentes, mas também tendências de demanda, sazonalidade e feedbacks de clientes.
3. **Transparência e comunicação:** Seja claro com seus clientes sobre como sua empresa ajusta os preços. Isso pode ser feito por meio de políticas de precificação claras no site ou até

mesmo explicações sobre flutuações sazonais ou baseadas na demanda.
4. **Ajuste de preços em múltiplos canais:** Se sua empresa opera em diferentes canais (físico e digital), é importante que os ajustes de preços sejam consistentes e bem integrados. Nada frustra mais um consumidor do que encontrar preços diferentes para o mesmo produto em diferentes plataformas da mesma marca.
5. **Teste e ajuste contínuo:** A precificação dinâmica não é uma solução única para todos. Teste diferentes estratégias, ajuste conforme necessário e monitore os resultados para garantir que você está atingindo o equilíbrio certo entre preço competitivo e margem de lucro.

O Futuro da Precificação no Marketing 6.5

A precificação dinâmica e personalizada é apenas o começo de uma revolução mais ampla que está transformando a forma como as empresas se relacionam com seus consumidores. No *Marketing 6.5*, o preço não é apenas um número — é uma ferramenta estratégica que reflete a demanda do mercado, a percepção de valor do consumidor e a competitividade do setor.

À medida que as ferramentas de IA continuam a evoluir, as empresas terão ainda mais controle sobre seus preços, ajustando-os em tempo real de forma precisa e eficiente. Aqueles que adotarem essas tecnologias terão uma vantagem competitiva significativa, especialmente em um cenário de mercado onde a velocidade e a agilidade são essenciais.

A precificação no *Marketing 6.5* vai além de simplesmente definir um valor fixo para um produto. Ela envolve o uso de IA para monitorar flutuações de mercado em tempo real, personalizar preços com base no comportamento do consumidor e ajustar os valores de forma dinâmica para maximizar a competitividade e a lucratividade. Com as ferramentas certas e uma estratégia bem planejada, as marcas podem transformar a precificação em uma vantagem competitiva real, respondendo às expectativas dos consumidores e mantendo-se relevantes em um mercado em constante mudança.

PERCEPÇÕES QUE CONECTAM: O PODER DOS ARQUÉTIPOS E GATILHOS MENTAIS

O mundo do marketing está em constante evolução. Novas tecnologias, canais de comunicação e formas de interagir com os consumidores surgem a cada dia. No entanto, algo fundamental permanece inalterado: o cérebro humano. As estruturas neurais que influenciam nossas decisões de compra e criam conexões emocionais profundas entre consumidores e marcas continuam as mesmas. Por mais que o marketing tenha se digitalizado, ele ainda precisa entrar na mente do consumidor e gerar uma conexão genuína.

No *Marketing 6.5*, essa conexão é intensificada pela compreensão de que as percepções humanas, quando bem trabalhadas, geram vínculos emocionais fortes e duradouros. Para isso, as marcas precisam mergulhar nos *arquétipos*, explorar gatilhos mentais e utilizar cenas e elementos que refletem a realidade de seus consumidores. A proposta aqui é utilizar esses recursos de forma estratégica para que as marcas não sejam apenas reconhecidas, mas verdadeiramente amadas e defendidas por seus consumidores.

A Ciência por Trás das Conexões Emocionais

O comportamento humano é profundamente influenciado por gatilhos emocionais. Segundo Philip Kotler, "as marcas que conseguem estabelecer conexões emocionais são as que geram mais lealdade e engajamento". Isso ocorre porque, mesmo em um mundo cada vez mais digital, as decisões de compra ainda são predominantemente emocionais. Quando as marcas conseguem ativar esses gatilhos de maneira eficaz, elas entram na mente dos consumidores e criam laços que vão muito além de uma simples transação comercial.

Um estudo recente do *Relatório Nielsen* apontou que 83% dos consumidores são mais propensos a comprar de marcas que geram uma conexão emocional. Isso demonstra que, para ser bem-sucedido no mercado competitivo atual, não basta oferecer um bom produto ou serviço; é necessário criar um vínculo emocional com o consumidor.

É aqui que entram os arquétipos. Criados por Carl Jung e amplamente adotados no marketing, os arquétipos são padrões universais de comportamento humano. Eles representam personagens e histórias que habitam o imaginário coletivo e que, quando usados corretamente, ajudam a moldar a percepção da marca. Ao definir claramente o arquétipo de sua marca, você facilita a criação de uma identidade que ressoe com as expectativas e desejos do seu público.

O Poder dos Arquétipos no Marketing 6.5

Arquétipos são modelos universais que representam comportamentos e motivações profundamente enraizados na psique humana. No *Marketing 6.5*, a escolha de um arquétipo específico permite que as marcas se comuniquem de maneira direta e eficaz com seu público, tocando aspectos emocionais que as campanhas genéricas jamais poderiam alcançar.

Kotler enfatiza que "as marcas precisam de uma identidade clara que ressoe com o inconsciente coletivo. Quando uma marca se alinha com um arquétipo, ela cria um vínculo que vai além do produto e se transforma em parte da vida do consumidor".

Pense nas marcas que você ama. Algumas podem se alinhar ao arquétipo do *Herói*, como a Nike, que incentiva seus consumidores a superarem limites e desafios. Outras podem se posicionar como o *Inocente*, como a Coca-Cola, promovendo simplicidade, felicidade e momentos de prazer genuíno. Cada arquétipo carrega consigo uma promessa, um estilo de vida, uma maneira de ver o mundo que ressoa profundamente com os consumidores.

Selecionar o arquétipo certo para a sua marca é um dos primeiros passos para criar uma conexão emocional forte. Se você sabe o que sua marca representa e consegue transmitir isso de forma clara, sua comunicação se torna mais autêntica, e os consumidores se sentem mais inclinados a se conectar emocionalmente com ela.

Criando Identificação: O Uso de Cenas que Refletem a Realidade do Consumidor

Um dos maiores desafios no marketing moderno é fazer com que os consumidores se vejam nas histórias que as marcas contam. Afinal, como diz Kotler, "o consumidor precisa se identificar com a marca, ver nela um reflexo de seus próprios desejos e aspirações". Quando as marcas conseguem criar essa identificação, elas deixam de ser apenas fornecedores de produtos ou serviços e se transformam em parte da jornada de vida de seus clientes.

Um estudo do *Relatório Nielsen* revelou que 72% dos consumidores são mais propensos a interagir com marcas cujas campanhas refletem suas próprias realidades e desafios cotidianos. Isso mostra o poder que cenas realistas, cotidianas e verdadeiramente humanas têm em gerar empatia e conexão.

Essa prática não significa que a marca precisa deixar de lado a criatividade ou inovação. Pelo contrário, a ideia é usar a criatividade para aproximar a marca da vida real dos consumidores. Uma campanha de sucesso, nesse sentido, deve mostrar pessoas reais, com problemas e emoções reais, vivendo situações com as quais o público pode se identificar. Quando o consumidor sente que a marca o entende, essa conexão emocional se fortalece.

Exemplos disso podem ser vistos em campanhas como a da Dove, que há anos promove a *Real Beleza*, celebrando a diversidade de corpos e a autenticidade de suas consumidoras. A marca soube usar cenas do cotidiano e pessoas comuns em suas campanhas, quebrando padrões irreais e gerando uma enorme identificação emocional com seu público.

Explorando Gatilhos Mentais para Gerar Conexões

No *Marketing 6.5*, os gatilhos mentais são uma ferramenta fundamental para acessar as emoções e memórias dos consumidores. Quando bem utilizados, eles são capazes de despertar sentimentos e criar uma resposta automática, facilitando a conexão emocional entre marca e cliente. Gatilhos mentais são elementos psicológicos que atuam no inconsciente do consumidor, influenciando suas decisões e ações de maneira sutil, mas poderosa.

Existem diversos gatilhos mentais que podem ser usados para gerar essa conexão. Um dos mais conhecidos é o gatilho da *escassez*, que se baseia no medo de perder uma oportunidade. Quando uma marca anuncia que um produto está disponível por tempo limitado ou em poucas unidades, o consumidor sente uma pressão emocional para agir rapidamente, temendo perder algo valioso. O *Relatório Nielsen* indica que 60% dos consumidores são influenciados por promoções limitadas e tendem a tomar decisões mais rápidas sob esse tipo de estímulo.

Outro gatilho importante é o da *prova social*. Quando as pessoas veem que outras estão usando ou recomendando um produto, isso gera uma sensação de confiança e segurança. As avaliações e recomendações de outros consumidores funcionam como validação social, influenciando a percepção de valor e confiabilidade de uma marca. Kotler afirma que "os consumidores confiam mais nas opiniões de outros clientes do que nas mensagens publicitárias tradicionais", o que explica por que tantas marcas estão focando suas estratégias em depoimentos, influenciadores e avaliações de clientes.

Há também o gatilho do *pertencimento*. A necessidade de pertencer a um grupo é uma das emoções mais poderosas no comportamento humano. Marcas que conseguem criar uma sensação de comunidade entre seus consumidores, oferecendo um sentimento de exclusividade e pertença, muitas vezes geram conexões profundas e duradouras. Pense em marcas como Harley-Davidson ou Apple, que conseguiram transformar seus consumidores em verdadeiros embaixadores da marca, defendendo-a e recomendando-a de forma espontânea.

Os Elementos Visuais e a Neurociência

Além dos arquétipos e gatilhos mentais, outro aspecto essencial no *Marketing 6.5* é o uso estratégico dos elementos visuais para reforçar essas conexões emocionais. A neurociência nos mostra que o cérebro humano processa imagens de forma muito mais rápida e impactante do que palavras. Um estudo citado no *Relatório Nielsen* revelou que 90% da informação transmitida ao cérebro é visual, e as pessoas retêm 80% do que veem, em comparação a 20% do que leem. Isso significa que, ao criar campanhas que utilizem elementos visuais fortes e simbólicos, as marcas têm maior chance de gerar uma conexão duradoura.

Marcas que dominam essa arte sabem como usar cores, formas e símbolos que ressoam com seus arquétipos e com as emoções que desejam evocar. A Coca-Cola, por exemplo, usa o vermelho intenso para transmitir energia, paixão e felicidade — sentimentos que estão profundamente enraizados no inconsciente coletivo e que fazem parte do arquétipo da *Inocente* e do *Companheiro*. Da mesma forma, a Apple utiliza o design limpo e minimalista para transmitir sofisticação e inovação, características ligadas ao arquétipo do *Criador*.

A chave é usar esses elementos visuais de maneira consistente, para que o consumidor associe a marca a uma determinada emoção ou ideia sempre que vê suas campanhas. Quanto mais clara for essa associação, mais forte será a conexão emocional.

No *Marketing 6.5*, a compreensão das percepções e emoções humanas é essencial para criar conexões verdadeiras e duradouras entre marcas e consumidores. As conexões neurais que moldam nossas decisões de compra continuam as mesmas, e as marcas que sabem como trabalhar essas percepções, utilizando arquétipos, cenas realistas e gatilhos mentais, têm uma vantagem competitiva imensa.

Ao entender e aplicar esses conceitos de forma estratégica, as marcas podem criar campanhas que não apenas vendem produtos, mas geram identificação, confiança e lealdade. E, como mostram as estatísticas, quando as marcas conseguem gerar uma conexão emocional, as chances de sucesso e de criar defensores apaixonados aumentam exponencialmente.

No final, o segredo do *Marketing 6.5* está em entender que, apesar de toda a evolução tecnológica, o cérebro humano ainda funciona da mesma maneira. E quem souber usar isso a seu favor, utilizando as ferramentas e insights corretos, terá o poder de criar marcas memoráveis e queridas, que irão se destacar em um mundo cada vez mais saturado de opções.

COMUNICAÇÃO AUTÊNTICA: O PODER DO IMPERFEITO E O ENGAJAMENTO

No cenário de marketing pós-moderno, a comunicação deixou de ser um monólogo das marcas para se transformar em um diálogo dinâmico e contínuo com os consumidores. As redes sociais, as plataformas de conteúdo digital e a facilidade de acesso à informação trouxeram uma mudança significativa: o engajamento passou a ser o indicador mais importante para medir o sucesso de uma campanha. Em vez de simplesmente vender produtos ou serviços, as marcas precisam construir conexões reais, sustentadas por experiências autênticas, onde o imperfeito não só é aceito, mas também celebrado como parte do processo.

No *Marketing 6.5*, a proposta é clara: para criar uma comunicação eficiente, as marcas devem abandonar a obsessão pela perfeição e abraçar a realidade de seus consumidores. Isso envolve mostrar as imperfeições de seus produtos de forma estratégica, criar campanhas dinâmicas que se ajustem ao feedback dos usuários e usar a inteligência artificial (IA) para monitorar, entender e otimizar continuamente as interações. O desafio é construir uma relação mais genuína e engajadora com os consumidores, utilizando as ferramentas mais avançadas para transformar o marketing em um processo interativo e em constante evolução.

Engajamento como o Principal Indicador de Sucesso

Philip Kotler, em suas reflexões sobre o futuro do marketing, sempre destacou a importância do engajamento. Para ele, "engajar os consumidores não é apenas interagir com eles, mas envolvê-los emocionalmente com a marca". O engajamento vai além das curtidas e compartilhamentos em redes sociais; trata-se de criar uma conexão profunda e significativa que faça o consumidor se sentir parte de algo maior. No *Marketing 6.5*, o engajamento é o indicador mais relevante porque ele mede o impacto emocional que a marca tem sobre seus consumidores, algo que se traduz em lealdade, advocacia e, eventualmente, em vendas.

Segundo o *Relatório Nielsen de 2023*, 70% dos consumidores são mais propensos a se envolver com marcas que compartilham conteúdo autêntico e real. Esse dado nos mostra que, para gerar engajamento de verdade, as marcas precisam ser transparentes, abrir mão de mensagens idealizadas e perfeitas, e começar a mostrar quem realmente são. Quando a comunicação reflete a realidade, os consumidores percebem a marca como mais acessível, confiável e humana.

Usando o Imperfeito para Conectar

Um dos princípios centrais do *Marketing 6.5* é o uso estratégico do imperfeito. Nos dias de hoje, os consumidores estão cansados de campanhas publicitárias excessivamente polidas e idealizadas, que retratam um mundo perfeito e inalcançável. Esse tipo de abordagem muitas vezes cria um distanciamento entre a marca e o público. As pessoas não se identificam com a perfeição; elas se identificam com o que é real, autêntico e, muitas vezes, imperfeito.

Mostrar as imperfeições não significa denegrir o produto ou serviço, mas sim apresentar seus aspectos humanos e falíveis. As campanhas que abraçam a vulnerabilidade, destacando de forma sutil as imperfeições do produto ou mesmo da marca, acabam por gerar um efeito mais poderoso: elas conectam a marca à vida real dos consumidores.

Um exemplo prático é a campanha "Real Beleza" da Dove, que mostra mulheres reais, com corpos de diferentes formas e tamanhos, em vez de modelos perfeitos e padronizados. Essa abordagem não apenas foi inovadora, como também criou uma forte conexão emocional com as consumidoras. A campanha reconheceu que a beleza tem muitas formas e que a perfeição não é o padrão. O resultado foi um engajamento massivo e uma lealdade à marca que permanece até hoje.

Segundo o *Relatório Nielsen*, 78% dos consumidores são mais propensos a confiar em marcas que reconhecem suas imperfeições e falhas. Isso mostra que admitir falhas, de forma autêntica e sem exageros, pode ser uma estratégia poderosa para gerar confiança e engajamento. A chave é saber dosar essas imperfeições e utilizá-las para criar histórias que ressoam com as experiências reais dos consumidores.

Campanhas Dinâmicas e o Feedback Constante

Outro aspecto fundamental do *Marketing 6.5* é a necessidade de campanhas dinâmicas que se ajustem continuamente com base no feedback dos consumidores. Vivemos em uma era em que as preferências dos consumidores mudam rapidamente, e as marcas que se mantêm rígidas em suas abordagens correm o risco de parecerem desatualizadas ou fora de sintonia com seu público.

Kotler afirma que "o marketing moderno precisa ser fluido, adaptável e responsivo". Isso significa que a comunicação de uma marca deve ser ajustada regularmente, levando em consideração os insights e feedbacks que vêm diretamente dos consumidores. Esse processo cria uma interação contínua, onde a marca está sempre ouvindo, aprendendo e ajustando sua mensagem para garantir que ela continue relevante.

Um exemplo claro desse tipo de abordagem dinâmica pode ser visto nas campanhas de redes de fast food, como o Burger King. A marca se tornou conhecida por ajustar suas campanhas rapidamente com base nas tendências e conversas online. Se algo viraliza nas redes sociais, eles rapidamente criam uma resposta ou campanha em torno desse tema, aproveitando o momento para gerar engajamento imediato. Essa capacidade de adaptação rápida é fundamental para manter a relevância em um mercado competitivo.

De acordo com o *Relatório Nielsen*, 60% dos consumidores esperam que as marcas ajustem suas mensagens com base no feedback e nas interações anteriores. Ou seja, eles querem ver que suas opiniões e reações estão sendo consideradas e que a marca está disposta a mudar e melhorar com base nesses insights.

A Inteligência Artificial no Mapeamento de Reações e Ajustes em Tempo Real

No coração desse processo dinâmico de comunicação está o uso da inteligência artificial (IA). Ferramentas de IA permitem que as marcas acompanhem e mapeiem as reações dos consumidores em tempo real, oferecendo insights valiosos sobre como as campanhas estão sendo recebidas e onde ajustes podem ser feitos para maximizar o impacto.

Ao usar a IA para monitorar as interações em redes sociais, comentários em sites e comportamentos de compra, as empresas podem identificar rapidamente quais aspectos de uma campanha estão funcionando e quais precisam de ajuste. A análise de sentimentos, por exemplo, permite que as marcas compreendam as emoções por trás das interações dos consumidores, oferecendo uma visão mais profunda do impacto emocional de suas campanhas.

Esses insights em tempo real permitem que as marcas ajustem suas mensagens, ofertas e até mesmo os próprios produtos de maneira ágil, garantindo que permaneçam alinhadas às expectativas e desejos de seus consumidores. Isso cria uma comunicação muito mais eficaz, onde cada interação é uma oportunidade de aprendizado e otimização.

Um exemplo prático do uso da IA no mapeamento de reações é a Nike, que utiliza algoritmos para analisar comentários e interações dos consumidores em suas redes sociais. Com essas informações, a marca é capaz de ajustar não apenas suas campanhas, mas também seus produtos, criando uma experiência mais personalizada e relevante. Isso demonstra como a IA pode ser usada não apenas para melhorar a comunicação, mas também para fortalecer a relação entre marca e consumidor.

O *Relatório Nielsen* destaca que 71% dos consumidores estão mais propensos a se envolver com marcas que utilizam dados e feedbacks em tempo real para melhorar suas ofertas e comunicações. Esse dado reforça a importância de uma abordagem orientada por IA no marketing moderno, onde as marcas que conseguem ajustar rapidamente suas estratégias com base em insights são as que geram maior engajamento e lealdade.

Campanhas que Refletem a Realidade do Consumidor

Outro ponto crucial para gerar engajamento no *Marketing 6.5* é criar campanhas que reflitam a realidade dos consumidores. Isso significa ir além de imagens idealizadas e estereótipos, e começar a contar histórias que sejam verdadeiramente representativas das experiências e desafios enfrentados pelo público-alvo.

Os consumidores de hoje esperam autenticidade das marcas. Eles querem se ver refletidos nas campanhas e sentir que a marca entende suas vidas e suas realidades. Quando isso acontece, o engajamento se torna quase automático, pois o consumidor sente que a marca está falando diretamente com ele.

Um excelente exemplo disso foi a campanha da Airbnb, "Live There", que mostrou viajantes vivendo como locais, em vez de serem tratados como turistas. A campanha explorou a ideia de que, ao utilizar a plataforma da Airbnb, as pessoas poderiam se conectar com a cultura local de forma mais profunda e autêntica. Isso gerou uma identificação imediata com os viajantes que buscam experiências autênticas, e não apenas acomodações temporárias. A campanha foi bem-sucedida em gerar engajamento, pois refletia o desejo dos consumidores por experiências mais reais e significativas.

De acordo com o *Relatório Nielsen*, 66% dos consumidores acreditam que as melhores campanhas são aquelas que mostram pessoas comuns vivendo suas vidas. Esse dado nos mostra a importância de criar campanhas que não apenas promovam produtos, mas que contem histórias reais, com as quais o público possa se identificar.

A Comunicação Fluida e a Evolução Contínua

No *Marketing 6.5*, a comunicação precisa ser fluida e em constante evolução. As marcas que insistem em seguir modelos rígidos e inflexíveis correm o risco de perder relevância rapidamente. O feedback dos consumidores deve ser visto como uma fonte contínua de insights, e as campanhas devem ser ajustadas de acordo com as mudanças nas expectativas e nas preferências do público.

Para isso, a IA se torna uma ferramenta essencial, permitindo uma análise constante e em tempo real das reações do público. Com os insights coletados, as marcas podem ajustar suas mensagens e ofertas de forma rápida e eficiente, garantindo que sua comunicação esteja sempre alinhada com o que o consumidor espera.

No entanto, a comunicação fluida não se trata apenas de ajustar campanhas existentes, mas também de estar pronta para criar novas interações e experiências a qualquer momento. Marcas que conseguem responder rapidamente a eventos culturais, mudanças de comportamento e novas tendências têm uma vantagem significativa quando se trata de gerar engajamento. A capacidade de adaptar-se ao momento e de participar das conversas que estão acontecendo no mundo em tempo real é uma característica fundamental do marketing moderno.

O *Marketing 6.5* traz uma nova abordagem para a comunicação entre marcas e consumidores. O foco não está mais apenas em criar mensagens perfeitas e polidas, mas em abraçar a realidade, as imperfeições e as emoções que conectam as pessoas. Ao utilizar o imperfeito como uma ferramenta para criar autenticidade e ao ajustar continuamente suas campanhas com base no feedback dos consumidores, as marcas conseguem gerar engajamento profundo e duradouro.

A inteligência artificial desempenha um papel crucial nesse processo, permitindo que as empresas monitorem as reações em tempo real e ajustem suas estratégias de forma ágil e eficiente. No final das contas, a comunicação no *Marketing 6.5* é um processo dinâmico, interativo e em constante evolução, onde o engajamento se torna o principal indicador de sucesso.

Ao abraçar o imperfeito e adotar uma comunicação fluida, as marcas conseguem não apenas vender produtos, mas construir relações emocionais autênticas com seus consumidores — algo que, no mundo pós-moderno, se tornou a chave para o sucesso duradouro.

METRIFICAÇÃO INTELIGENTE: COMO MEDIR O SUCESSO

No mundo pós-moderno do *Marketing 6.5*, onde a personalização e a criação de conexões autênticas com os consumidores são fundamentais, a metrificação não é apenas uma questão de contar cliques ou analisar taxas de conversão isoladamente. As métricas devem ser observadas de forma integrada e, mais do que nunca, as marcas precisam de uma visão holística para avaliar suas campanhas. Isso significa que cada aspecto do relacionamento entre a marca e o consumidor — desde o alcance até o engajamento e o feedback — deve ser medido e ajustado constantemente, levando em conta as particularidades do público-alvo, que muitas vezes se resume ao famoso "1%" que defendemos no *Marketing 6.5*.

A tecnologia, especialmente a inteligência artificial (IA), tem um papel crucial nessa transformação, permitindo que as marcas coletem, analisem e interpretem grandes volumes de dados, identificando padrões de comportamento, sazonalidade e engajamento. A IA não só melhora a eficiência, como também permite a otimização das estratégias em tempo real, oferecendo insights valiosos que ajudam as marcas a atingir metas de forma mais assertiva. Nesse novo paradigma, a metrificação precisa observar quatro dimensões principais: alcance segmentado, engajamento, feedback e conversão.

Alcance Segmentado: O Foco no 1%

No *Marketing 6.5*, o conceito de alcance vai muito além da simples exposição de marca. Não estamos mais interessados em atingir o maior número de pessoas possível, mas em alcançar as pessoas certas — o público que realmente importa. Philip Kotler, uma das maiores referências do marketing moderno, destaca que "em um mercado saturado, a relevância é mais importante que o volume". Esse princípio está no coração do nosso enfoque no "1%", ou seja, o público altamente segmentado que representa uma pequena, mas valiosa, fatia do mercado.

Para que o alcance seja relevante, a segmentação precisa ser precisa. Utilizando a IA, as marcas conseguem mapear com exatidão o perfil do público que mais ressoa com seus produtos ou serviços, entregando mensagens direcionadas e personalizadas que têm maior chance de gerar impacto. Um estudo do *Relatório Nielsen de 2023* revelou que 71% dos consumidores esperam que as marcas ofereçam interações personalizadas, baseadas em seus comportamentos e preferências. Isso significa que a segmentação inteligente, com base em dados e insights, não é apenas uma boa prática — é uma expectativa dos consumidores.

Além disso, a IA permite que as marcas ajustem suas campanhas em tempo real, garantindo que o público-alvo esteja sendo atingido da maneira mais eficaz possível. Isso inclui a capacidade de fazer ajustes rápidos com base em fatores como localização, comportamento de navegação, interações anteriores com a marca e até tendências culturais emergentes. O alcance no *Marketing 6.5* não é estático; ele é dinâmico, adaptável e altamente direcionado.

Engajamento: A Métrica Mais Importante

Se no marketing tradicional o sucesso era medido em vendas e conversões, no *Marketing 6.5* o engajamento se torna a métrica mais importante. Engajamento significa envolvimento emocional, interação genuína e a capacidade da marca de criar uma comunidade ao redor de seus valores e produtos. Kotler afirma que "a nova era do marketing exige que as marcas criem conexões emocionais profundas com os consumidores, transformando-os em defensores apaixonados".

O engajamento é uma métrica essencial porque reflete o nível de interesse e a relevância da marca no dia a dia dos consumidores. Curtidas, compartilhamentos, comentários e até mesmo a frequência de visitas a um site são indicadores de como o público se envolve com a marca. Mais importante do que quantos veem uma campanha, é quantos realmente interagem e se conectam com ela.

Segundo o *Relatório Nielsen*, 78% dos consumidores se engajam mais com marcas que oferecem conteúdos autênticos e relevantes. Isso mostra que a chave para gerar engajamento não está em campanhas que apenas exibem produtos, mas naquelas que contam histórias e refletem a realidade do público-alvo. O *Marketing 6.5* entende que o engajamento genuíno é o resultado de uma comunicação que ressoa emocionalmente com o consumidor, e isso é mais importante do que qualquer outro indicador.

Aqui, a IA também desempenha um papel fundamental. A análise de dados comportamentais permite que as marcas entendam quais conteúdos e formatos de comunicação geram mais engajamento em diferentes momentos. Por exemplo, a IA pode identificar que certos temas ou abordagens geram maior resposta emocional em determinado período do ano, ou que um estilo de comunicação funciona melhor com um segmento específico. Essa análise contínua permite ajustes em tempo real, garantindo que a marca sempre ofereça uma experiência de alto valor.

Feedbacks: A Chave para Melhorias Contínuas

No *Marketing 6.5*, o feedback dos consumidores é uma mina de ouro para as marcas. As empresas que sabem ouvir e aprender com as opiniões e críticas dos seus consumidores têm uma vantagem competitiva imensa. Mais do que simplesmente coletar feedback, o objetivo é entender os sentimentos, desejos e frustrações dos clientes, transformando esses dados em ações concretas.

Kotler reforça a importância do feedback ao dizer que "o marketing moderno não é um processo de mão única; é um diálogo contínuo entre a marca e o consumidor". Isso significa que, para ter sucesso, as marcas precisam estar dispostas a ajustar e melhorar continuamente suas estratégias com base nas percepções de seus clientes.

O *Relatório Nielsen* aponta que 66% dos consumidores têm maior lealdade a marcas que demonstram estar ativamente ouvindo e respondendo ao seu feedback. Isso mostra que os consumidores não querem apenas ser ouvidos, mas esperam que suas opiniões resultem em mudanças reais. Portanto, a coleta de feedback precisa ser uma prática constante, e as respostas das marcas devem ser rápidas e visíveis.

A IA, novamente, pode facilitar esse processo, analisando rapidamente grandes volumes de feedbacks, seja em forma de comentários, avaliações ou até mesmo interações em redes sociais. Ferramentas de análise de sentimentos conseguem interpretar o tom das mensagens e identificar padrões de insatisfação ou entusiasmo, permitindo que as marcas tomem decisões rápidas e ajustem suas campanhas ou produtos de acordo.

Um exemplo prático dessa abordagem é a Netflix, que utiliza feedbacks de seus assinantes para ajustar suas recomendações de conteúdo e até mesmo desenvolver novas séries e filmes. Ao analisar constantemente o que está agradando ou frustrando os usuários, a plataforma consegue oferecer uma experiência mais personalizada, o que fortalece a lealdade e o engajamento do público.

Conversões: O Resultado de uma Estratégia Bem-Sucedida

No fim do dia, qualquer estratégia de marketing precisa gerar resultados tangíveis, e é aqui que entram as conversões. No *Marketing 6.5*, as conversões não são apenas a venda final de um produto ou serviço, mas podem ser vistas como qualquer ação que mova o consumidor para mais perto da marca, seja uma inscrição em uma newsletter, o download de um conteúdo ou o preenchimento de um formulário de interesse.

As conversões no *Marketing 6.5* são o resultado direto de uma combinação bem-sucedida de alcance segmentado, engajamento autêntico e feedback efetivo. Quando uma marca consegue identificar e engajar seu "1%", ouvir suas demandas e responder de forma relevante, as conversões ocorrem de maneira mais natural e fluida.

Kotler ressalta que "a conversão é o ponto de culminação de uma jornada que envolve múltiplos pontos de contato e uma conexão emocional forte". Ou seja, a venda em si não é apenas um resultado de um esforço pontual, mas sim de uma construção contínua de relacionamento. As marcas que investem em todas as etapas da jornada do consumidor, desde o primeiro contato até o momento da compra, têm maiores taxas de conversão e, mais importante, maior lealdade no longo prazo.

A IA permite otimizar esse processo ao identificar os padrões de comportamento que levam às conversões. Ela pode mapear as interações de sucesso, mostrando quais caminhos do funil de vendas são mais eficientes e quais podem ser otimizados. Por exemplo, a IA pode identificar que um determinado grupo de consumidores tem maior propensão a converter depois de interagir com um conteúdo específico ou após receber uma oferta personalizada.

Sazonalidade e Padrões de Comportamento: A Influência no Marketing 6.5

Outro fator que não pode ser ignorado no *Marketing 6.5* é a sazonalidade e os padrões de comportamento. As marcas precisam estar atentas a como os comportamentos dos consumidores mudam ao longo do ano e ajustar suas estratégias para refletir essas mudanças. Certos produtos ou serviços têm maior demanda em períodos específicos, e campanhas sazonais bem executadas podem gerar picos de engajamento e conversões.

A IA é uma ferramenta essencial para identificar esses padrões de sazonalidade. Ao analisar dados históricos de vendas e comportamento do consumidor, a IA pode prever quais períodos têm maior potencial de sucesso e quais tipos de campanhas são mais adequados para cada estação. Um exemplo clássico disso é o varejo, onde datas como Black Friday, Natal e Dia das Mães influenciam fortemente as estratégias de marketing.

Mas a sazonalidade não se limita apenas a datas comemorativas. O comportamento do consumidor pode ser influenciado por uma série de fatores externos, como tendências culturais, mudanças econômicas ou até mesmo o clima. Por exemplo, uma marca de roupas pode ajustar suas campanhas de acordo com a previsão do tempo, promovendo casacos em dias frios e camisetas em dias quentes. A IA permite esse nível de personalização, garantindo que a comunicação da marca esteja sempre alinhada com o contexto em que o consumidor se encontra.

No *Marketing 6.5*, a metrificação é muito mais do que simplesmente acompanhar números isolados. Ela envolve uma visão integrada que considera o alcance segmentado, o engajamento autêntico, o feedback contínuo e as conversões como parte de um processo cíclico e interdependente. A inteligência artificial desempenha um papel central nesse novo paradigma, permitindo que as marcas analisem dados em tempo real, identifiquem padrões e ajustem suas estratégias de maneira ágil e precisa.

Alcance não é mais sobre volume, mas sobre relevância. Engajamento é o verdadeiro indicador de sucesso, pois mede a profundidade da conexão emocional com o público. Feedback é uma fonte contínua de aprendizado e melhoria, e as conversões são o reflexo de uma estratégia bem-executada ao longo de toda a jornada do consumidor.

À medida que avançamos nessa era do marketing orientado por dados, as marcas que souberem metrificar de forma inteligente terão uma vantagem competitiva significativa. Elas não só entenderão melhor seus consumidores, como também serão capazes de oferecer experiências mais personalizadas, relevantes e eficazes, construindo relacionamentos duradouros e gerando resultados concretos.

BUSINESS INTELLIGENCE NO MARKETING 6.5: DECISÕES ESTRATÉGICAS BASEADAS EM DADOS EM TEMPO REAL

Em um cenário de marketing cada vez mais competitivo e dinâmico, o *Business Intelligence* (BI) se consolidou como uma ferramenta indispensável para marcas que buscam precisão e agilidade em suas decisões. No *Marketing 6.5*, onde o foco está em personalizar cada interação e ajustar produtos e estratégias com base nas necessidades dos consumidores, o BI é uma peça central que transforma dados em insights valiosos. Ao utilizarmos painéis de BI personalizados, combinados com a inteligência artificial (IA), conseguimos mapear o comportamento do consumidor em tempo real, identificar oportunidades, ajustar personas e otimizar grupos de produtos. O resultado? Um marketing mais eficiente, flexível e alinhado às expectativas do público.

Neste capítulo, exploraremos como o uso de *Business Intelligence* no *Marketing 6.5* pode potencializar estratégias ao fornecer uma visão clara e dinâmica do desempenho de ações de marketing. Falaremos sobre a criação de painéis personalizados, a análise de dados em tempo real com IA e como esses insights moldam a tomada de decisão em relação a produtos e personas.

A Importância dos Painéis BI Personalizados

Philip Kotler, uma das maiores autoridades em marketing, destacou que "o futuro do marketing será cada vez mais baseado em dados e menos em intuições". No *Marketing 6.5*, essa citação se concretiza no uso de painéis de *Business Intelligence* que oferecem uma visão integrada e detalhada de todas as operações de marketing. Esses painéis são personalizados para atender às necessidades específicas de cada marca, produto e persona, permitindo que as decisões sejam tomadas com base em dados reais e não em suposições.

A personalização dos painéis BI começa pela definição de metas claras. No *Marketing 6.5*, as principais métricas a serem observadas incluem alcance segmentado, engajamento, feedback e conversões — que, como vimos, são fundamentais para medir o sucesso das ações de marketing. Ao criar um painel que monitora essas métricas de forma granular, as marcas conseguem identificar rapidamente o que está funcionando e o que precisa ser ajustado.

Por exemplo, se uma campanha de marketing está segmentada para uma persona específica, o painel pode monitorar como essa persona está respondendo em termos de engajamento e conversão. Ao observar esses dados em tempo real, a equipe de marketing pode ajustar a mensagem, os canais de comunicação ou até mesmo o produto para aumentar o impacto. Esse nível de personalização no BI permite uma visão mais clara e detalhada da jornada do consumidor e como cada ponto de contato está afetando o resultado.

Segundo o *Relatório Nielsen de 2023*, 65% dos executivos de marketing acreditam que o uso de dados em tempo real aumenta significativamente a eficiência de suas campanhas. Isso reforça a importância de painéis personalizados para mapear o desempenho em tempo real, permitindo ajustes rápidos e estratégicos.

Configurando Metas por Persona e Grupo de Produtos

No *Marketing 6.5*, uma das principais vantagens do uso de BI é a capacidade de configurar metas detalhadas para cada persona e grupo de produtos. Em vez de criar uma estratégia ampla que atenda a todos, as marcas podem definir objetivos específicos para diferentes segmentos de consumidores e diferentes linhas de produtos, maximizando o impacto de suas ações.

Por exemplo, suponha que sua marca tenha três principais personas: a *Exploradora* (consumidora que busca novidades), a *Conservadora* (que prefere produtos tradicionais) e a *Inovadora* (que valoriza produtos tecnológicos e de ponta). Cada uma dessas personas tem necessidades e comportamentos de compra distintos. O painel de BI pode ser configurado para monitorar as metas de engajamento, feedback e conversão de cada uma dessas personas, oferecendo insights valiosos sobre o desempenho de campanhas específicas voltadas para cada grupo.

Se, por exemplo, os dados indicarem que a persona *Exploradora* está respondendo melhor a campanhas de mídia social, enquanto a *Conservadora* prefere e-mails informativos, a marca pode ajustar sua estratégia de comunicação de acordo. Com a personalização dos painéis de BI, cada ação de marketing pode ser rastreada com precisão, permitindo que a empresa responda rapidamente às mudanças no comportamento do consumidor.

Da mesma forma, ao configurar metas por grupo de produtos, a marca pode monitorar quais linhas de produtos estão desempenhando melhor e quais precisam de ajustes. Isso é especialmente útil em mercados com alta rotatividade de produtos ou onde há um grande portfólio de opções disponíveis. Kotler enfatiza que "as empresas devem revisar continuamente seus produtos e ajustar suas ofertas com base no desempenho e nas necessidades dos consumidores". O BI permite que isso seja feito com uma precisão e agilidade que antes seriam impossíveis.

Utilizando Dados para Ajustar ou Retirar Produtos e Personas

Uma das vantagens mais poderosas do *Business Intelligence* no *Marketing 6.5* é a capacidade de ajustar ou retirar produtos e personas com base no desempenho real. Em vez de continuar investindo em um produto ou segmento que não está trazendo resultados, as marcas podem tomar decisões informadas para otimizar suas operações.

A IA desempenha um papel crucial aqui, pois pode analisar grandes volumes de dados e identificar padrões que não são imediatamente visíveis para a equipe de marketing. A análise de dados de vendas, feedbacks e comportamento de compra pode revelar, por exemplo, que um determinado produto não está ressoando com uma persona específica. Nesse caso, a marca pode ajustar o produto ou até mesmo decidir que essa persona não faz mais sentido dentro de sua estratégia.

O *Relatório Nielsen* destaca que 62% das empresas que utilizam dados para ajustar suas ofertas de produtos relataram um aumento significativo nas vendas e no engajamento dos consumidores. Isso mostra que, quando as decisões são baseadas em dados e não em suposições, os resultados tendem a ser mais eficazes.

Por exemplo, uma marca de moda que oferece várias coleções pode usar o BI para monitorar quais estilos estão sendo mais vendidos entre diferentes grupos de consumidores. Se um determinado estilo não está vendendo bem com a persona *Inovadora*, mas está indo muito bem com a persona *Conservadora*, a marca pode ajustar sua comunicação ou modificar o design do produto para alinhar melhor com as expectativas desse público. Alternativamente, a marca pode decidir que o estilo não tem mais relevância e descontinuá-lo, liberando recursos para investir em outras áreas mais promissoras.

Mapeando Insights e Identificando Oportunidades com IA

O verdadeiro poder do BI no *Marketing 6.5* está na sua capacidade de não apenas rastrear dados, mas também gerar insights acionáveis. A IA é uma aliada fundamental nesse processo, pois permite que as marcas identifiquem padrões e oportunidades que, de outra forma, passariam despercebidas.

Kotler afirma que "o marketing moderno precisa ser proativo e não reativo. As marcas que conseguem identificar tendências emergentes e ajustar suas estratégias rapidamente terão uma vantagem competitiva". A IA permite exatamente isso: uma análise proativa de dados que identifica oportunidades em tempo real, ajudando as marcas a se adaptarem e se anteciparem às mudanças no comportamento dos consumidores.

Por exemplo, ao analisar os dados de engajamento de uma campanha recente, a IA pode identificar que determinados temas ou tópicos estão gerando mais interesse entre um grupo de consumidores. Isso permite que a equipe de marketing ajuste rapidamente suas campanhas para destacar esses temas e aumentar ainda mais o engajamento.

Além disso, a IA pode mapear oportunidades sazonais e comportamentais, permitindo que as marcas ajustem suas estratégias com base nas tendências do mercado. Se os dados indicarem que um determinado produto tem um pico de vendas em uma estação específica ou em resposta a eventos culturais, a marca pode ajustar suas campanhas para maximizar o impacto nesses momentos.

Esse tipo de insight não apenas melhora a eficiência das campanhas, mas também ajuda as marcas a inovar e se manterem à frente da concorrência. O *Relatório Nielsen* mostra que 68% das empresas que utilizam IA para mapear insights em tempo real relatam uma melhoria na tomada de decisões e na capacidade de identificar novas oportunidades de crescimento.

Análise em Tempo Real e Feedback das Ações

No *Marketing 6.5*, o tempo é um recurso valioso. As marcas precisam ser ágeis e capazes de ajustar suas campanhas e produtos com base em dados em tempo real. O uso de painéis de BI personalizados, combinados com a IA, permite exatamente isso: monitorar o desempenho das ações à medida que elas acontecem, oferecendo feedbacks instantâneos que podem ser usados para otimizar as estratégias.

Essa análise em tempo real é fundamental para garantir que as campanhas estejam sempre alinhadas com as expectativas dos consumidores e com as mudanças no mercado. Se uma campanha de marketing não está gerando o engajamento esperado, a equipe de marketing pode ajustar a mensagem ou o público-alvo rapidamente, sem esperar o término da campanha para fazer correções.

Além disso, os feedbacks em tempo real permitem que as marcas sejam mais responsivas às necessidades dos consumidores. Se um grupo de consumidores está reagindo negativamente a uma mensagem ou campanha, a IA pode identificar esse padrão rapidamente e alertar a equipe de marketing, que pode ajustar a comunicação antes que o impacto negativo se amplie.

O *Business Intelligence* no *Marketing 6.5* é muito mais do que uma ferramenta para acompanhar métricas. Ele é uma peça central para a tomada de decisões estratégicas, permitindo que as marcas personalizem suas ações, ajustem produtos e personas, e identifiquem oportunidades com base em dados precisos e em tempo real. Com a IA, o BI se torna ainda mais poderoso, ajudando as empresas a prever tendências, ajustar suas estratégias rapidamente e melhorar o desempenho de suas campanhas de maneira contínua.

Ao configurar metas por personas e grupos de produtos, as marcas conseguem monitorar de forma eficaz o que está funcionando e o que precisa ser ajustado. A capacidade de ajustar ou retirar produtos com base em dados reais garante uma otimização constante dos recursos, enquanto o mapeamento de insights e oportunidades oferece um caminho claro para o crescimento sustentável.

No final, o *Marketing 6.5* exige que as marcas sejam ágeis, proativas e baseadas em dados. E é exatamente isso que o *Business Intelligence* permite — uma visão clara e em tempo real que transforma dados em decisões inteligentes, melhorando a eficiência e garantindo que as marcas estejam sempre um passo à frente no mercado competitivo de hoje.

REPUTAÇÃO, CONSISTÊNCIA E AGILIDADE: MANTENDO A RELEVÂNCIA

Vivemos em uma era de hiperconectividade, onde as informações se propagam em uma velocidade sem precedentes. No mundo dinâmico e veloz do marketing moderno, a reputação de uma marca pode ser moldada – ou destruída – em questão de minutos. Diante desse cenário, marcas que não monitoram e protegem sua imagem de forma proativa arriscam perder a confiança do consumidor e prejudicar seu relacionamento com o público. No *Marketing 6.5*, manter a reputação da marca vai muito além de lançar bons produtos ou campanhas bem planejadas. Requer consistência, agilidade e a capacidade de lidar com crises antes que elas tomem proporções irreversíveis.

Este capítulo explora como o *Marketing 6.5* propõe um novo paradigma para o gerenciamento da reputação, destacando a importância da consistência nas ações, a necessidade de agilidade em um ambiente de constante mudança e como a Inteligência Artificial (IA) pode ser usada para monitorar insights, prever situações de risco e responder a crises em tempo real. A reputação da marca, hoje, depende de um equilíbrio delicado entre vigilância constante e ações estratégicas.

A Nova Realidade da Reputação no Marketing 6.5

Philip Kotler, uma das maiores autoridades do marketing, já enfatizava que "uma marca não é mais o que a empresa diz que ela é, mas sim o que os consumidores dizem que ela é". No mundo digital de hoje, onde as opiniões circulam de forma global em poucos minutos, a percepção dos consumidores sobre a marca se espalha rapidamente e afeta diretamente seu sucesso. A reputação de uma marca está constantemente sendo construída, fragmentada e reconstruída por meio de interações nas redes sociais, fóruns, avaliações e experiências do consumidor.

Uma pesquisa do *Relatório Nielsen de 2023* revelou que 85% dos consumidores confiam mais nas opiniões de outros clientes do que nas informações fornecidas pela própria marca. Isso reforça o papel crítico da reputação: os consumidores confiam no que veem e ouvem de outros usuários, e essa confiança – ou a falta dela – pode determinar o sucesso ou fracasso de uma marca. Portanto, monitorar o que está sendo dito sobre sua marca e agir rapidamente para manter uma imagem positiva é essencial no *Marketing 6.5*.

A Consistência nas Ações: Reforçando a Confiança do Consumidor

A consistência é um dos pilares fundamentais do *Marketing 6.5*. Marcas que transmitem uma mensagem clara e constante são mais propensas a ganhar a confiança do consumidor e a construir uma reputação sólida ao longo do tempo. A consistência vai além de manter a identidade visual ou o tom de voz da marca; ela deve se refletir em todas as ações, desde a qualidade do produto até o atendimento ao cliente, passando pela comunicação e as campanhas de marketing.

Kotler aponta que "a repetição constante de uma mensagem clara fortalece a percepção do consumidor sobre a marca". Quando uma empresa é consistente em sua mensagem e entrega, ela reforça sua confiabilidade. Isso significa que as marcas devem garantir que cada interação com o público seja coerente, e que os valores que defendem sejam transmitidos em todas as frentes.

Entretanto, essa consistência precisa ser mantida em um ambiente de mudanças rápidas e contínuas. A Internet, especialmente as redes sociais, trouxe uma nova dinâmica para o marketing: as tendências, os memes, as discussões e os temas de interesse mudam em um ritmo acelerado. Por isso, é importante manter a comunicação constante, mas também se adaptar às novas demandas e expectativas dos consumidores.

A Agilidade como Elemento Crítico

Se consistência é o alicerce da confiança, a agilidade é o diferencial que permite às marcas se manterem relevantes em um ambiente em constante mudança. A capacidade de adaptação rápida é essencial no *Marketing 6.5*. As marcas que conseguem reagir prontamente a mudanças no comportamento do consumidor, eventos inesperados e crises têm mais chances de manter uma boa reputação e capitalizar oportunidades.

A agilidade, no contexto atual, significa monitorar constantemente o ambiente em que a marca opera. Isso envolve acompanhar as conversas nas redes sociais, entender como o público está reagindo às campanhas e observar possíveis pontos de atrito antes que eles se tornem crises. A IA tem um papel fundamental nessa vigilância contínua, fornecendo insights rápidos e detalhados que ajudam a marca a se ajustar conforme necessário.

Por exemplo, uma empresa pode lançar uma nova campanha e, em poucas horas, a IA pode detectar padrões negativos de feedback, sinalizando uma possível crise. Isso permite que a marca aja rapidamente para ajustar sua comunicação, esclarecer mal-entendidos ou até mesmo retirar uma campanha do ar, evitando maiores danos à reputação.

De acordo com o *Relatório Nielsen*, 74% dos consumidores esperam que as marcas respondam rapidamente a crises ou reclamações online. Isso demonstra a importância da agilidade não apenas para aproveitar oportunidades, mas também para mitigar riscos e preservar a reputação.

Monitoramento de Insights com Inteligência Artificial

Com a quantidade massiva de informações circulando na Internet, é humanamente impossível acompanhar tudo o que está sendo dito sobre uma marca em tempo real. É aqui que a Inteligência Artificial se torna um recurso essencial no *Marketing 6.5*. Ferramentas de IA podem monitorar centenas de plataformas simultaneamente, analisar o sentimento por trás das interações e identificar rapidamente tendências emergentes ou sinais de crises em potencial.

Essas ferramentas utilizam algoritmos que analisam padrões de comportamento, palavras-chave, menções e até mesmo o tom das interações. A análise de sentimentos, por exemplo, permite que a marca compreenda se as menções nas redes sociais estão sendo predominantemente positivas, neutras ou negativas. Ao detectar um aumento repentino de menções negativas, a IA pode alertar a equipe de marketing para agir antes que a situação se agrave.

Kotler argumenta que "a tecnologia deve ser usada para antecipar problemas, não apenas para reagir a eles". Isso significa que a IA não é apenas uma ferramenta reativa, mas também proativa. Ela permite que as marcas mapeiem oportunidades e riscos, identificando temas que podem se tornar uma tendência ou uma possível ameaça à reputação. Por exemplo, ao analisar dados de feedback, a IA pode detectar reclamações recorrentes sobre um produto ou serviço e sugerir melhorias antes que isso prejudique a imagem da marca.

Além disso, a IA pode ajudar a ajustar as campanhas de marketing com base nos insights em tempo real. Se uma campanha está gerando um engajamento abaixo do esperado, a IA pode sugerir ajustes na mensagem, no público-alvo ou até mesmo na plataforma de veiculação, garantindo que a marca continue relevante e eficiente em sua comunicação.

Protocolo para Crises: Preparação é a Melhor Defesa

Em um mundo onde as informações se espalham rapidamente, a preparação para crises é fundamental. As marcas precisam ter protocolos claros e bem definidos para lidar com situações de risco que possam prejudicar sua reputação. No *Marketing 6.5*, esses protocolos devem ser baseados em dados e apoiados pela tecnologia, para garantir que as respostas sejam rápidas, eficientes e estratégicas.

Um bom protocolo de crise começa com o monitoramento contínuo, que permite à marca identificar os primeiros sinais de uma situação crítica. A IA, como discutido anteriormente, desempenha um papel central aqui, alertando a equipe de marketing sempre que detecta uma ameaça em potencial. Em seguida, é crucial que a marca tenha uma equipe de resposta preparada para lidar com essas crises de forma rápida e transparente.

A transparência é, aliás, um dos elementos mais importantes em qualquer resposta a uma crise. O *Relatório Nielsen* revela que 63% dos consumidores são mais propensos a confiar em uma marca que responde rapidamente e de forma honesta em momentos de crise. Isso significa que as marcas não devem tentar encobrir seus erros, mas sim admiti-los e comunicar claramente o que está sendo feito para corrigir a situação.

Além disso, é importante que o protocolo de crise inclua a possibilidade de ajustes em tempo real. Se uma campanha de marketing está recebendo feedback negativo, a marca deve estar pronta para ajustar sua abordagem, seja alterando a mensagem ou removendo o conteúdo. A capacidade de agir rapidamente pode não apenas salvar a reputação da marca, mas também fortalecer a confiança do consumidor ao demonstrar responsabilidade e compromisso.

O Papel da Consistência na Superação de Crises

Embora a agilidade seja crucial para lidar com crises, é a consistência que mantém a reputação de uma marca no longo prazo. Marcas consistentes em suas comunicações, valores e ações têm mais chances de superar crises com menos danos, pois já estabeleceram um histórico de confiabilidade com seu público.

Kotler destaca que "a consistência em tempos de crise é o que separa as marcas que sobrevivem das que caem". Isso significa que, ao longo do tempo, a marca precisa construir um relacionamento forte e confiável com os consumidores, de modo que, em momentos de crise, os clientes tenham mais disposição para acreditar nas suas respostas e soluções.

Se uma marca tem uma reputação sólida, construída com base em valores claros e ações consistentes, ela tem mais margem para erros ocasionais. Os consumidores tendem a ser mais compreensivos com marcas que demonstram autenticidade e compromisso com sua base, mesmo quando cometem equívocos.

No *Marketing 6.5*, a reputação de uma marca é um ativo fundamental que precisa ser gerenciado com consistência, agilidade e o apoio de tecnologias como a Inteligência Artificial. Manter a confiança dos consumidores em um mundo dinâmico e hiperconectado exige vigilância constante, respostas rápidas e um compromisso contínuo com a transparência e a autenticidade.

A reputação não se constrói apenas com campanhas brilhantes ou produtos inovadores; ela é resultado de uma gestão cuidadosa, que equilibra a consistência nas ações com a capacidade de se adaptar rapidamente a novos desafios e crises. Marcas que investem na construção e proteção de sua reputação, utilizando ferramentas como IA para monitoramento e resposta, terão mais chances de prosperar no mercado competitivo e veloz de hoje.

No final, a reputação é um reflexo de tudo o que a marca faz — desde a qualidade do produto até a forma como responde aos desafios. No *Marketing 6.5*, proteger e fortalecer essa reputação exige uma abordagem estratégica, proativa e, acima de tudo, genuína.

RELACIONAMENTO INTELIGENTE: COMO CRIAR CONEXÕES VERDADEIRAS E TRANSFORMAR CLIENTES EM EMBAIXADORES

No *Marketing 6.5*, o relacionamento com o cliente ocupa um lugar central na construção de uma marca de sucesso. Mais do que nunca, os consumidores desejam mais do que produtos de qualidade; eles querem sentir-se valorizados, ouvidos e envolvidos em uma relação autêntica com as marcas que escolhem apoiar. O simples bombardeio de propagandas já não é eficaz e, muitas vezes, pode afastar os clientes em vez de engajá-los. No lugar dessa abordagem intrusiva, as empresas devem focar na criação de conexões verdadeiras e duradouras, onde os consumidores se sintam parte da marca e não apenas um alvo para vendas.

Esse capítulo aborda como o *Marketing 6.5* propõe uma nova maneira de gerir o relacionamento com o cliente, criando embaixadores de marca leais e apaixonados. Através da personalização, uso inteligente de dados e IA, e recompensas focadas na fidelidade, é possível construir um relacionamento genuíno que vai além da transação. Quando os clientes se sentem parte de algo maior, eles se tornam defensores da marca, espalhando sua mensagem de maneira espontânea e orgânica.

O Cliente como Parte da Marca

Philip Kotler, uma das grandes referências do marketing, já afirmava que "as empresas bem-sucedidas são aquelas que conseguem transformar seus clientes em aliados, criando uma comunidade em torno da marca". No *Marketing 6.5*, essa visão se torna ainda mais evidente. A ideia de que o cliente precisa se sentir parte da marca não é mais um diferencial competitivo, mas uma necessidade básica para construir lealdade e manter a relevância em um mercado saturado.

Hoje, os consumidores não querem ser inundados por propagandas invasivas e descontextualizadas. Segundo o *Relatório Nielsen de 2023*, 63% dos consumidores acreditam que as marcas deveriam reduzir a quantidade de anúncios e focar mais em criar interações significativas. Isso significa que o cliente moderno prefere ser engajado de maneiras que proporcionem valor, ao invés de ser constantemente "lembrado" de comprar algo. Aqui, a chave do sucesso é a criação de experiências personalizadas e interativas que façam o cliente se sentir importante, ouvido e, acima de tudo, respeitado.

Fugindo do "Cunhado Pidão": Relacionamento sem Excesso de Propagandas

Uma das principais armadilhas que muitas marcas caem é o excesso de contato comercial. Podemos comparar essa abordagem ao estigma do "cunhado pidão", aquele parente que só entra em contato para pedir algo, e nunca para oferecer algo em troca. Assim como esse tipo de relacionamento se desgasta no âmbito pessoal, no mundo do marketing, marcas que agem dessa maneira correm o risco de alienar seus consumidores.

Bombardear o cliente com propagandas, lembretes constantes de compras ou mensagens genéricas pode rapidamente transformar uma relação promissora em algo irritante e desgastante. O cliente começa a evitar a marca, deixa de abrir os e-mails ou de interagir nas redes sociais, e o relacionamento esfria. No *Marketing 6.5*, a proposta é justamente o contrário: ao invés de sobrecarregar o consumidor com publicidade, as marcas devem focar em construir uma relação de troca, onde o cliente sinta que está recebendo valor e sendo tratado de forma personalizada.

Para isso, a comunicação precisa ser bem calibrada. Cada interação deve parecer relevante e ajustada ao contexto da vida do consumidor. Isso só é possível quando a marca utiliza dados de forma inteligente, compreendendo o comportamento e as preferências do cliente, e ajustando sua mensagem para que ela seja bem-vinda e interessante.

A Personalização como Pilar do Relacionamento

No coração do *Marketing 6.5* está a personalização. Em vez de tratar todos os clientes da mesma forma, as marcas devem adaptar suas mensagens, ofertas e interações para cada indivíduo. Kotler já ressaltava que "quanto mais personalizada a comunicação, mais forte será o vínculo emocional". No cenário atual, onde a IA e o Big Data possibilitam uma compreensão aprofundada do comportamento do consumidor, a personalização deixou de ser um desafio técnico para se tornar uma expectativa básica dos clientes.

O *Relatório Nielsen* reforça essa ideia, apontando que 76% dos consumidores esperam que as marcas entendam suas necessidades e ofereçam interações personalizadas baseadas em suas preferências e comportamentos. Isso significa que a era das mensagens genéricas acabou. Para construir um relacionamento significativo, as marcas precisam conhecer profundamente seus clientes, mapeando suas jornadas de compra, seus interesses e suas interações passadas.

A personalização pode ocorrer de diversas maneiras: desde a recomendação de produtos específicos com base nas compras anteriores até o envio de ofertas customizadas para aniversários ou ocasiões especiais. A inteligência artificial desempenha um papel crucial nesse processo, ajudando a analisar grandes volumes de dados e transformar essas informações em insights acionáveis, que guiam a criação de campanhas e ofertas personalizadas.

A IA na Criação de Canais de Comunicação Inteligentes

A inteligência artificial não só facilita a personalização, como também permite a criação de canais de comunicação inteligentes, que garantem que cada interação com o cliente seja relevante e alinhada com suas expectativas. Ao utilizar IA para monitorar as interações do cliente e mapear seu comportamento, as marcas conseguem ajustar a frequência e o conteúdo das comunicações de forma precisa, evitando o excesso de mensagens e mantendo o interesse do consumidor.

Com a IA, é possível detectar padrões no comportamento do cliente que indicam o melhor momento para enviar uma mensagem ou fazer uma oferta. Por exemplo, se um consumidor costuma navegar em uma loja online nas noites de sexta-feira, a IA pode ajustar a entrega de e-mails promocionais para esse período, aumentando as chances de engajamento. Da mesma forma, se um cliente está demonstrando sinais de perda de interesse, a IA pode sugerir uma campanha de reativação com uma oferta especial ou conteúdo relevante.

Essa capacidade de ajuste em tempo real é essencial para manter um relacionamento saudável e produtivo com o cliente. Segundo o *Relatório Nielsen*, 67% dos consumidores estão mais propensos a se engajar com marcas que oferecem interações no momento certo e com conteúdo relevante. Ou seja, o timing da comunicação é tão importante quanto o conteúdo em si.

Feedbacks Valorizados: O Cliente Como Co-Criador

No *Marketing 6.5*, o relacionamento com o cliente é baseado em diálogo constante. Isso significa que o feedback do consumidor não apenas deve ser coletado, mas também ouvido e valorizado. Marcas que demonstram agir com base no que seus clientes dizem são vistas como mais confiáveis e autênticas. Esse tipo de postura cria um senso de pertencimento no cliente, que se sente parte ativa do processo de criação e melhoria de produtos e serviços.

Kotler afirma que "marcas que tratam seus clientes como co-criadores, ao invés de meros consumidores, constroem lealdade e engajamento duradouro". Isso é reforçado pelos dados do *Relatório Nielsen*, que indicam que 64% dos consumidores se sentem mais fiéis a marcas que demonstram valorizar seu feedback e agir com base nele. Ou seja, coletar feedbacks não é suficiente; é preciso mostrar ao cliente que suas opiniões têm impacto real.

As marcas podem fazer isso de várias maneiras: desde ajustar um produto ou serviço com base nas reclamações e sugestões dos clientes, até criar campanhas que respondam diretamente a essas interações. Além disso, é importante manter uma comunicação clara, informando o cliente sobre como seu feedback está sendo utilizado. Esse processo de transparência fortalece o vínculo e demonstra que a marca está verdadeiramente comprometida em atender às necessidades do consumidor.

Recompensas de Fidelidade: Valorizando o Cliente de Forma Agressiva

Recompensar a lealdade do cliente não é apenas uma estratégia de retenção, mas uma forma de demonstrar que o relacionamento é valorizado. No *Marketing 6.5*, as recompensas de fidelidade devem ser agressivas e relevantes, oferecendo ao cliente benefícios que realmente façam diferença em sua experiência com a marca.

Os programas de fidelidade tradicionais, baseados em pontos ou descontos genéricos, muitas vezes falham em gerar engajamento porque não oferecem um valor tangível ou personalizado. Em vez disso, o *Marketing 6.5* propõe que as recompensas sejam ajustadas ao perfil do consumidor. Isso pode incluir desde brindes personalizados, acesso antecipado a novos produtos, até experiências exclusivas que fortaleçam ainda mais a conexão emocional entre o cliente e a marca.

A IA, novamente, pode ser uma grande aliada nesse processo, ajudando a personalizar as recompensas com base no comportamento de compra e nas interações do cliente. Segundo o *Relatório Nielsen*, 58% dos consumidores são mais propensos a permanecer fiéis a uma marca que oferece recompensas personalizadas e relevantes para suas necessidades.

Transformando Clientes em Embaixadores de Marca

O objetivo final de um relacionamento bem gerido no *Marketing 6.5* é transformar os clientes em embaixadores da marca. Quando o consumidor se sente verdadeiramente valorizado e parte integrante da marca, ele passa a promover espontaneamente seus produtos e serviços, recomendando-os a amigos e familiares.

Kotler afirma que "um cliente satisfeito pode se tornar o maior defensor da sua marca, espalhando sua mensagem com autenticidade e entusiasmo". Essa promoção orgânica, feita por consumidores leais, tem um impacto muito maior do que qualquer campanha de marketing paga, já que é vista como genuína e desinteressada. Segundo o *Relatório Nielsen*, 92% dos consumidores confiam mais nas recomendações de amigos e familiares do que em qualquer outro tipo de publicidade.

Criar embaixadores de marca envolve não apenas oferecer produtos de qualidade, mas também cultivar um relacionamento de longo prazo, baseado em confiança, valorização e troca. Marcas que conseguem construir esse tipo de conexão com seus clientes têm uma vantagem competitiva inestimável, pois possuem um exército de promotores dispostos a defender e divulgar seus produtos.

No *Marketing 6.5*, o relacionamento com o cliente é o pilar central de uma estratégia de marketing bem-sucedida. Em vez de sobrecarregar o consumidor com propagandas e mensagens genéricas, as marcas devem focar em construir uma conexão autêntica e personalizada, onde o cliente se sinta valorizado e parte ativa do processo.

A Inteligência Artificial permite que as marcas criem canais de comunicação inteligentes, ajustem suas interações em tempo real e recompensem a fidelidade de forma personalizada. Quando os consumidores percebem que suas opiniões são ouvidas e que eles são recompensados por sua lealdade, eles se tornam embaixadores da marca, promovendo-a de maneira espontânea e genuína.

Esse novo paradigma proposto pelo *Marketing 6.5* redefine o relacionamento entre marca e consumidor, criando uma conexão que vai além da transação comercial e se transforma em uma parceria duradoura, baseada em confiança e valorização mútua.

MARKETING 6.5 E A ÉTICA DOS DADOS: PRIVACIDADE E GOVERNANÇA EM UM MUNDO DIGITAL

No cenário contemporâneo, o *Marketing 6.5* se destaca por sua ênfase na personalização e no uso estratégico de dados. Ferramentas de análise avançada, combinadas com a inteligência artificial (IA), permitem que as marcas compreendam profundamente seus consumidores e ofereçam experiências cada vez mais personalizadas. No entanto, essa capacidade de acesso a dados traz uma série de desafios éticos e de governança, especialmente em relação à privacidade dos usuários. À medida que o marketing evolui para um nível mais profundo de personalização, o equilíbrio entre o uso inteligente dos dados e o respeito à privacidade se torna uma questão central para marcas que desejam operar com responsabilidade e confiança.

O *Marketing 6.5* pode abordar as questões de ética e governança de dados de forma transparente e responsável. Como podemos utilizar a inteligência artificial e o big data para otimizar as campanhas sem invadir a privacidade dos consumidores? Quais são as diretrizes éticas que devemos seguir para garantir que os dados sejam usados de forma justa e segura? E como as regulamentações globais, como a *Lei Geral de Proteção de Dados (LGPD)* e o *Regulamento Geral de Proteção de Dados (GDPR)*, impactam as práticas de marketing? Vamos refletir sobre essas questões e oferecer sugestões práticas para uma abordagem ética no uso de dados.

A Ética dos Dados no Marketing 6.5

Philip Kotler, uma das maiores referências no marketing, afirma que "o marketing não pode ignorar as questões éticas, especialmente quando se trata do uso de dados pessoais". À medida que as marcas se tornam mais dependentes da coleta e análise de dados para criar campanhas direcionadas e personalizadas, a transparência e o respeito à privacidade devem estar no centro de suas estratégias.

A questão ética mais importante é o consentimento informado. As empresas devem garantir que os consumidores saibam exatamente quais dados estão sendo coletados, como serão utilizados e por quanto tempo serão armazenados. Conforme o *Relatório Nielsen de 2023*, 79% dos consumidores esperam que as marcas sejam transparentes sobre o uso de seus dados pessoais. Isso demonstra que o público está cada vez mais consciente e preocupado com a forma como suas informações são tratadas. Portanto, é fundamental que as marcas invistam em mecanismos claros e acessíveis para obter consentimento e informar sobre o uso de dados.

A personalização deve, portanto, ser equilibrada com a privacidade. Por mais que os consumidores esperem experiências personalizadas, eles também desejam que suas informações pessoais sejam tratadas com respeito e segurança. Um estudo do *Relatório Nielsen* apontou que 52% dos consumidores deixariam de usar serviços de uma marca se descobrissem que seus dados foram utilizados de forma inadequada ou sem permissão. Isso reflete o quão crucial é adotar uma abordagem ética e transparente no uso de dados.

Governança de Dados: Estruturas de Segurança e Transparência

No *Marketing 6.5*, a governança de dados deve ser tratada como uma prioridade estratégica. Não se trata apenas de coletar e armazenar grandes volumes de informações, mas de garantir que esses dados sejam gerenciados de forma segura e responsável. A governança de dados abrange um conjunto de práticas e políticas que visam proteger a privacidade dos consumidores e garantir a conformidade com as regulamentações legais.

Uma estrutura sólida de governança começa com a segurança dos dados. Isso significa investir em tecnologias de criptografia, firewalls e outros mecanismos que protejam as informações pessoais contra acessos não autorizados. Kotler enfatiza que "as empresas que não priorizam a segurança de dados colocam em risco sua reputação e a confiança de seus clientes". E ele está certo. Vazamentos de dados, como os que ocorreram com grandes empresas de tecnologia, podem destruir a confiança do consumidor e causar danos irreparáveis à reputação da marca.

Além da segurança, a transparência também é um elemento fundamental da governança de dados. As empresas devem ser claras sobre as informações que estão coletando e como elas serão usadas. Isso inclui detalhar se os dados serão compartilhados com terceiros e permitir que os consumidores controlem o acesso a essas informações. De acordo com o *Relatório Nielsen*, 64% dos consumidores esperam ter o controle sobre como seus dados pessoais são usados pelas marcas. As empresas que implementam práticas de governança centradas no usuário, com painéis de controle acessíveis, têm maior probabilidade de ganhar a confiança e a lealdade de seus clientes.

A IA e o Big Data no Marketing 6.5: Limites Éticos e Responsabilidades

O uso de inteligência artificial e big data no *Marketing 6.5* permite às marcas criar experiências altamente personalizadas e otimizadas. No entanto, a utilização dessas tecnologias também levanta preocupações sobre os limites éticos do uso de dados. A IA é capaz de analisar volumes massivos de informações, detectando padrões de comportamento que podem ser usados para prever ações futuras dos consumidores. Embora isso ofereça oportunidades incríveis para o marketing, também gera questões sobre a manipulação de decisões e a invasão de privacidade.

Kotler alerta que "as marcas devem ser cautelosas ao usar a inteligência artificial para influenciar decisões de compra, evitando práticas que possam ser vistas como manipulatórias ou invasivas". A linha entre a personalização e a invasão é tênue, e as empresas precisam encontrar o equilíbrio certo. O uso de IA para mapear comportamentos e prever preferências só deve ser feito com o consentimento explícito do consumidor. Além disso, os algoritmos utilizados pelas marcas devem ser transparentes, permitindo que os consumidores entendam como suas informações estão sendo processadas.

Um dos grandes desafios éticos na utilização de big data e IA é a criação de perfis detalhados dos consumidores. Embora esses perfis possam ser usados para oferecer experiências personalizadas, eles também podem ser explorados de forma indevida, discriminando consumidores com base em suas características pessoais ou comportamentais. Para evitar essa prática, é essencial que as marcas adotem políticas claras que proíbam a discriminação e garantam que todos os consumidores tenham acesso a produtos e serviços de forma justa.

O Papel da Regulação no Marketing 6.5: LGPD e GDPR

Nos últimos anos, a regulação de dados tornou-se uma questão crítica em todo o mundo. A introdução de leis como a *Lei Geral de Proteção de Dados* (LGPD) no Brasil e o *Regulamento Geral de Proteção de Dados* (GDPR) na Europa trouxe uma série de novas regras para o tratamento de dados pessoais. Essas regulamentações têm como objetivo proteger a privacidade dos consumidores e garantir que suas informações sejam usadas de forma ética e transparente.

As marcas que operam no *Marketing 6.5* devem estar totalmente alinhadas a essas leis. A LGPD, por exemplo, exige que as empresas obtenham o consentimento explícito dos consumidores antes de coletar seus dados, além de garantir o direito ao esquecimento, que permite que os consumidores solicitem a exclusão de suas informações pessoais. A conformidade com essas leis não é opcional; ela é obrigatória, e as empresas que não a seguirem estão sujeitas a pesadas multas e penalidades.

De acordo com o *Relatório Nielsen*, 68% dos consumidores globais afirmam que estão mais inclinados a confiar em marcas que seguem rigorosamente as regulamentações de privacidade de dados. Isso demonstra que a conformidade não é apenas uma obrigação legal, mas também um fator importante para construir confiança e fortalecer o relacionamento com os consumidores.

Uma abordagem prática para garantir a conformidade com a LGPD e o GDPR é realizar auditorias periódicas de dados. Essas auditorias ajudam a garantir que todos os dados coletados estão sendo armazenados e utilizados de acordo com as regulamentações e que as práticas de governança da empresa são robustas. Além disso, as marcas devem investir em treinamento contínuo de suas equipes para garantir que todos os colaboradores compreendam e respeitem as leis de proteção de dados.

Construindo Confiança Através da Transparência

No *Marketing 6.5*, a confiança é o fator mais valioso que uma marca pode construir com seus consumidores. E essa confiança só pode ser alcançada através da transparência. Marcas que são abertas sobre como usam os dados dos consumidores e que oferecem controle total sobre essas informações são vistas como mais confiáveis e éticas.

Kotler enfatiza que "a confiança é a base de qualquer relacionamento de longo prazo entre marca e consumidor". Para construir essa confiança, as marcas devem se comprometer a fornecer informações claras e acessíveis sobre suas práticas de coleta e uso de dados. Isso pode incluir a criação de políticas de privacidade fáceis de entender, a implementação de painéis de controle onde os consumidores possam visualizar e gerenciar suas informações, e o compromisso de nunca compartilhar dados sem permissão explícita.

Além disso, é importante que as marcas sejam proativas em caso de problemas de privacidade. Se houver uma violação de dados, as empresas devem agir rapidamente para informar os consumidores e tomar medidas corretivas. De acordo com o *Relatório Nielsen*, 58% dos consumidores afirmam que continuariam a confiar em uma marca que fosse transparente e rápida em sua resposta a uma crise de dados.

O *Marketing 6.5* oferece uma oportunidade incrível para as marcas se conectarem de maneira mais profunda e personalizada com seus consumidores. No entanto, essa oportunidade vem acompanhada de uma grande responsabilidade: a de proteger a privacidade dos consumidores e garantir que seus dados sejam usados de forma ética e transparente.

Ao adotar práticas sólidas de governança de dados, investir em segurança e se alinhar às regulamentações globais de privacidade, as marcas podem construir um relacionamento de confiança com seus consumidores. A inteligência artificial e o big data devem ser usados de forma responsável, equilibrando a personalização com o respeito à privacidade. E, acima de tudo, a transparência deve estar no centro de todas as práticas de marketing.

No final, o *Marketing 6.5* não é apenas sobre alcançar o público certo com a mensagem certa. É sobre fazer isso de forma ética, respeitosa e segura, garantindo que a confiança entre marca e consumidor seja preservada e fortalecida.

Significado do "1% do Mercado" no Marketing 6.5

No *Marketing 6.5*, usamos a expressão "1% do mercado" como uma maneira de simplificar um conceito poderoso e, ao mesmo tempo, fundamental para o sucesso das marcas na era pós-moderna. Mas o que realmente queremos dizer quando falamos em "1%"? Será que estamos nos referindo literalmente a 1% da população total? Não exatamente. A ideia do *1%* é simbólica e representa uma fatia específica, nichada e profundamente relevante do mercado para a sua marca, e não uma fração matemática exata.

Em um mercado saturado de produtos, serviços e informações, tentar agradar a todos é uma tarefa impossível e, muitas vezes, ineficaz. Como afirma Philip Kotler, "as empresas precisam aprender a focar nos consumidores que realmente importam e não em tentar ser tudo para todos". Nesse contexto, o *1% do mercado* refere-se ao grupo de pessoas que mais se alinha com os valores, produtos e serviços da sua marca, ou seja, aqueles consumidores que têm maior potencial de gerar impacto positivo e resultados duradouros para o negócio.

Vamos desmistificar o conceito e entender porque o *1%* é uma ferramenta tão poderosa para o marketing moderno.

A Importância de Focar no Público Certo

Quando falamos sobre o *1% do mercado*, estamos propondo uma mudança de mentalidade: é mais vantajoso focar em um público menor, mas altamente relevante, do que tentar capturar a atenção de uma massa ampla e genérica. No Brasil, por exemplo, se considerarmos que a população é de mais de 200 milhões de pessoas, 1% representaria cerca de 2 milhões de pessoas. Porém, na prática, o conceito vai além de uma contagem exata. A ideia central é encontrar um grupo com alto potencial de engajamento e afinidade com sua marca, que possa gerar maior retorno do que uma estratégia voltada para o público geral.

Segundo o *Relatório Nielsen de 2023*, 78% dos consumidores preferem comprar de marcas que oferecem uma experiência personalizada. Isso demonstra que focar em um nicho específico, que ressoe com as necessidades e desejos do consumidor, aumenta significativamente as chances de sucesso.

Ao concentrar seus esforços em uma fração altamente segmentada, você pode personalizar sua comunicação, produtos e serviços de forma a atender diretamente às expectativas desse público, criando uma relação de longo prazo. Nesse sentido, o *1%* se refere a uma estratégia de nicho, onde o foco está em maximizar o valor para um grupo seleto, mas valioso, de clientes.

Qualidade Sobre Quantidade

O *Marketing 6.5* propõe um marketing que prioriza a qualidade das interações com o consumidor, e não apenas o alcance numérico das campanhas. Philip Kotler destaca que "em um mundo saturado de informações, a relevância é o que distingue uma marca de suas concorrentes". Isso significa que, ao focar no seu *1%*, a marca investe na construção de relacionamentos profundos, que podem gerar resultados superiores em termos de engajamento, fidelidade e até mesmo recomendações.

Esse grupo nichado não só compra com mais frequência, mas também tem maior potencial de se tornar embaixador da marca, promovendo-a organicamente entre suas redes. Dados do *Relatório Nielsen* indicam que 92% dos consumidores confiam mais em recomendações de amigos e familiares do que em publicidade tradicional. Portanto, ao criar uma base forte com seu *1%*, sua marca está, na prática, multiplicando o alcance e a influência de suas campanhas de maneira autêntica e altamente eficaz.

Como Encontrar o Seu 1%

A Inteligência Artificial (IA) desempenha um papel crucial na identificação desse *1%* do mercado. Utilizando ferramentas de análise de dados, é possível mapear comportamentos, preferências e padrões de compra que ajudam a segmentar seu público com precisão. Assim, sua marca pode identificar quem são os consumidores mais engajados, aqueles que interagem com maior frequência e que têm o perfil ideal para gerar valor contínuo para o negócio.

Segundo o *Relatório Nielsen*, 64% dos consumidores afirmam que estão mais dispostos a comprar de marcas que utilizam seus dados de maneira inteligente para personalizar suas experiências. Isso mostra que, ao utilizar dados de forma estratégica, as marcas conseguem identificar com precisão esse *1%* e criar ofertas personalizadas que realmente fazem a diferença.

A expressão "1% do mercado" no *Marketing 6.5* não é uma limitação quantitativa, mas uma estratégia de foco. Trata-se de identificar e atender os consumidores mais relevantes para o sucesso da sua marca, oferecendo a eles experiências personalizadas e diferenciadas. Quando você encontra esse grupo nichado e foca em atendê-los de forma precisa, o impacto no seu negócio será muito maior do que tentar agradar a todos. Afinal, no marketing moderno, qualidade e relevância superam a quantidade.

MARKETING 6.5, NA PRÁTICA

Chegamos ao fim da jornada conceitual que apresentamos ao longo deste livro, mas é aqui que o verdadeiro trabalho começa. O *Marketing 6.5* não é apenas uma teoria; ele deve ser uma prática cotidiana, uma abordagem estratégica que orienta todas as decisões de marketing, comunicação e relacionamento da sua marca. Ao longo dos capítulos anteriores, discutimos a importância da personalização, o poder dos dados, o papel da inteligência artificial e como as marcas podem se conectar de forma mais profunda e significativa com seu público. Agora, vamos transformar esse conhecimento em ação.

Este capítulo final é um guia prático para implementar o *Marketing 6.5* no dia a dia. Aqui, exploramos dicas e sugestões de como aplicar os conceitos aprendidos para transformar a maneira como você faz marketing e constrói relacionamento com seus consumidores. Afinal, o sucesso do *Marketing 6.5* não depende apenas da compreensão dos conceitos, mas de sua aplicação contínua e consistente.

Conheça Seu Público: Segmentação e Foco no "1%"

A primeira e mais importante dica para aplicar o *Marketing 6.5* no seu cotidiano é focar no público certo. Como discutido, o conceito de "1% do mercado" não é literal, mas sim uma representação simbólica de um grupo altamente nichado e relevante. Philip Kotler destaca que "o marketing eficiente começa com uma compreensão profunda do público-alvo e suas necessidades".

Ao invés de tentar alcançar todo o mercado, direcione seus esforços para encontrar e entender esse *1%*. Utilize ferramentas de análise de dados para identificar quem são seus consumidores mais valiosos, aqueles que se engajam mais com a marca e têm maior potencial de fidelização. Essa segmentação inteligente permite criar campanhas direcionadas e personalizadas, maximizando o impacto de cada interação.

De acordo com o *Relatório Nielsen de 2023*, 76% dos consumidores esperam interações personalizadas com base em seus comportamentos e preferências. Isso significa que a personalização não é mais um luxo; é uma necessidade para se manter competitivo. Portanto, seu primeiro passo é investir em ferramentas de inteligência artificial e big data para mapear e entender profundamente esse público segmentado.

Personalização no Centro de Tudo

Após identificar o *1%* mais relevante, o próximo passo é personalizar todas as suas interações com esses consumidores. O *Marketing 6.5* coloca a personalização como um dos pilares fundamentais. Cada ponto de contato com o consumidor deve ser adaptado para refletir suas necessidades, desejos e comportamentos específicos.

Não se trata apenas de enviar e-mails personalizados com o nome do cliente, mas de oferecer produtos, serviços e experiências ajustados ao perfil de cada consumidor. Isso inclui desde a recomendação de produtos com base em compras anteriores até campanhas que falem diretamente com os interesses e preocupações do cliente.

Kotler argumenta que "quanto mais personalizada for a comunicação, mais forte será a conexão emocional com a marca". Quando você consegue falar diretamente ao coração do consumidor, ele se sente compreendido e valorizado, o que fortalece a lealdade e o engajamento.

Para colocar isso em prática, use IA para monitorar o comportamento do consumidor e criar experiências personalizadas em tempo real. De acordo com o *Relatório Nielsen*, 67% dos consumidores estão mais propensos a comprar de marcas que ofereçam experiências personalizadas.

Crie Conexões Autênticas e Evite o Bombardeio de Propagandas

No *Marketing 6.5*, é fundamental que as marcas estabeleçam conexões autênticas e evitem sobrecarregar o consumidor com propagandas excessivas. O cliente moderno está cansado de ser bombardeado por anúncios que parecem genéricos e intrusivos. Em vez disso, ele deseja interações significativas, onde se sinta parte da marca, e não apenas um alvo de vendas.

Um dos maiores erros que uma marca pode cometer é cair no estigma do "cunhado pidão", aquele que só entra em contato para pedir algo. No contexto do marketing, isso ocorre quando a única comunicação que o cliente recebe são promoções ou solicitações de compra. Para evitar essa armadilha, foque em criar interações que ofereçam valor ao consumidor. Compartilhe conteúdos que sejam úteis, inspire seu público com histórias e mostre os bastidores da marca.

Uma dica prática é usar as redes sociais como uma plataforma de diálogo, e não apenas de venda. Envolva o público em conversas, faça perguntas, peça opiniões e, o mais importante, responda e interaja com os feedbacks. Lembre-se: consumidores engajados se tornam embaixadores da marca, recomendando-a de forma espontânea para amigos e familiares. De acordo com o *Relatório Nielsen*, 92% dos consumidores confiam mais em recomendações de amigos do que em propagandas tradicionais.

Use Feedbacks para Aprimorar a Jornada do Cliente

Uma parte essencial do *Marketing 6.5* é valorizar o feedback do cliente. No marketing tradicional, muitas empresas viam o feedback apenas como uma resposta pontual a uma reclamação ou elogio. Hoje, o feedback é uma ferramenta vital para moldar produtos, serviços e estratégias de marketing.

Kotler ressalta que "as empresas mais bem-sucedidas são aquelas que transformam seus clientes em co-criadores de valor". Isso significa que o feedback deve ser uma via de mão dupla, onde os consumidores não apenas fornecem informações, mas também veem suas sugestões e opiniões sendo implementadas.

Para colocar isso em prática, utilize a inteligência artificial para monitorar e analisar feedbacks em tempo real. O *Relatório Nielsen* indica que 64% dos consumidores são mais leais a marcas que agem com base em seu feedback. Então, mostre ao seu público que você está ouvindo. Se os clientes sugerirem melhorias em um produto ou serviço, comunique a eles que suas opiniões foram levadas em consideração. Isso não só fortalece a confiança na marca, como também cria um relacionamento de longo prazo com o consumidor.

Agilidade e Consistência: Monitore e Ajuste em Tempo Real

O mundo do marketing é dinâmico e, para se manter relevante, é preciso ser ágil. No *Marketing 6.5*, a agilidade está na capacidade de ajustar campanhas, mensagens e produtos em tempo real, com base nos dados e no comportamento do consumidor. Não se trata de criar uma campanha e deixá-la rodar indefinidamente; é preciso monitorar constantemente os resultados e ajustar o rumo conforme necessário.

Ao mesmo tempo, a agilidade deve ser equilibrada com consistência. Isso significa que, embora você ajuste suas campanhas com frequência, a essência da sua marca e os valores que ela representa devem permanecer constantes. Kotler afirma que "consistência é o que gera confiança no longo prazo". Marcas que mudam sua abordagem ou identidade com muita frequência correm o risco de confundir, ou alienar seu público.

Use a inteligência artificial para monitorar as interações dos consumidores e ajustar suas campanhas de forma automática. Se uma campanha está gerando baixo engajamento, a IA pode identificar isso rapidamente e sugerir mudanças na mensagem ou no público-alvo. O *Relatório Nielsen* revela que 71% das empresas que utilizam IA em suas campanhas de marketing relataram um aumento significativo no desempenho.

Recompense a Fidelidade com Experiências Valiosas

No *Marketing 6.5*, a fidelidade é recompensada com experiências, não apenas com descontos. Embora promoções sejam importantes, o verdadeiro valor para o consumidor está em sentir que faz parte de algo exclusivo. Por isso, ofereça benefícios que vão além do óbvio, como acesso antecipado a novos produtos, eventos exclusivos ou conteúdos personalizados.

Segundo o *Relatório Nielsen*, 58% dos consumidores preferem permanecer fiéis a marcas que recompensam sua lealdade de maneira personalizada. Portanto, crie programas de fidelidade que realmente agreguem valor à jornada do consumidor. Utilize a IA para personalizar as recompensas de acordo com o comportamento e preferências de cada cliente.

O Futuro do Marketing 6.5 Está Nas Suas Mãos

Chegamos ao final deste livro, mas o *Marketing 6.5* é uma jornada contínua. As estratégias e práticas que discutimos aqui foram projetadas para ajudar sua marca a se destacar em um mundo pós-moderno, onde o consumidor é mais exigente e as tecnologias avançadas oferecem possibilidades infinitas. O *Marketing 6.5* não é apenas uma teoria; é uma abordagem prática que pode ser aplicada no dia a dia de qualquer empresa, independentemente de seu tamanho ou setor.

Agora, cabe a você implementar esses conceitos e transformá-los em ações que criem valor real para seus consumidores. Construa relacionamentos profundos, personalize cada interação, valorize o feedback e, acima de tudo, mantenha-se ágil e consistente. Quando esses princípios são aplicados de forma estratégica, o *Marketing 6.5* deixa de ser uma ideia e se torna a base para o crescimento e o sucesso de longo prazo.